세, 동아시아 사상의 거의 모든 것

세, 동아시아 사상의 거의 모든 것

ⓒ임건순, 2017

초판 1쇄 2017년 12월 18일 발행

지은이 임건순
펴낸이 김성실
책임편집 김태현
표지 디자인 석운디자인
본문 디자인 채은아
제작처 한영문화사

펴낸곳 시대의창   **등록** 제10-1756호(1999. 5. 11)
주소 03985 서울시 마포구 연희로 19-1
전화 02)335-6121   **팩스** 02)325-5607
전자우편 sidaebooks@daum.net
페이스북 www.facebook.com/sidaebooks
트위터 @sidaebooks

ISBN 978-89-5940-662-3 (03100)

이 도서의 국립중앙도서관 출판시도서목록(CIP)은
서지정보유통지원시스템 홈페이지(http://seoji.nl.go.kr)와
국가자료공동목록시스템(http://www.nl.go.kr/kolisnet)에서 이용하실 수 있습니다.
(CIP제어번호: CIP2017029542)

비급
—
철학
×
미학

세,^勢동아시아 사상의 거의 모든 것

상황을 읽고 변화를 만드는 힘과 지혜

임건순 지음

시대의창

한 젊은 동쪽 현자의 노래

이 책은 철학과 미학을 동시에 다룹니다. 동양철학자가 동양철학과 동양 미학에 대해 저 나름의 '썰'을 푸는 책이지요. 이에 앞서 질문 하나를 던지고 답을 내리고 싶습니다.

철학은 무엇일까요? 철학은 개념입니다. 개념을 통해 세상을 설명하고 인간이 지향할 바를 역설하는 것이 철학이지요. 저는 개념 하나를 집요하게 물고 늘어지며 정신세계를 포함한 동양의 많은 부분을 설명하려 합니다. 그 개념은 바로 '세勢'입니다. 여러분이 '세'라는 개념의 창을 통해 세상을 바라보며 동양의 정신세계를 이해하도록 돕고자 합니다.

이 책에서 저는 동양 미학에 대해서도 언급하려 합니다. 흔히

들 '미학' 하면 서양을 떠올립니다. 사실 우리 실정이 그러합니다. 그런데 동양에도 미학이 있습니다. 우리만의 방식과 문화적 약속으로 아름다움을 추구해왔습니다. 지금도 여전히 그러합니다.

미학에도 세라는 개념이 필요합니다. 동양에서는 세가 있어야 예술 작품이 아름답다고 인정합니다. 그리고 나아가 예술적 감동까지 거론할 수 있습니다.

저는 철학자이기는 하나 미학자는 아닙니다. 그러나 동양철학과 동양 미학은 많은 부분을 공유하기에, 철학자의 눈으로 동양 미학을 최대한 풀어보려 합니다.

이 책에는 풍수 이야기도 나옵니다. 동양 미학을 이야기하려면 풍수를 빼놓을 수 없습니다. 적지 않은 비중을 할애하여 풍수를 다루면서, 사실 제 외할아버지 생각이 많이 났습니다. 어린 저를 무릎에 앉혀놓고 손님을 맞으시곤 하셨는데, 풍수지리 지도를 활짝 펼쳐놓으시고 말씀 나누시던 장면이 떠오릅니다. 그 지도에는 산세와 혈, 용이 그려져 있었습니다. 외할아버지만은 못하지만 저도 저 나름대로 이 책에서 아는 척해보겠습니다.

또 책 한 권을 세상에 내보냅니다. 항상 저를 믿어주시는 시대의창 김성실 대표님 그리고 원고를 정성스레 손보시며 늘 책이 탄생하는 과정에서 숱한 고생 묵묵히 감내하시는 편집부 선생님

들과 시대의창 식구 분들께 감사의 인사를 드립니다.

조선 땅의 독자 여러분께 드리는 말씀과 약속이 있습니다. 인문학의 꽃은 단행본입니다. 인문학의 꽃을 피우기 위해 저는 기획부터 목차 구성, 자료 조사와 집필을 위한 연구에 늘 헌신할 것을 약속합니다. 이러한 감각을 잘 길러 이 땅에서 고단한 삶을 사는 우리 조선 사람들의 삶을 단행본에 담아내겠습니다.

현자가 있다고 합니다. 북에는 진래가 있고 남에는 양국영이 있다고 합니다. 저는 동쪽의 현자가 되고자 노력 또 노력하겠습니다.

수렴의 기운 가득한 남양주 수동에서

임 건 순

1장

세, 또 하나의 열쇠

1

동아시아의 지적 전통

맹자 왈

널리 배우고 상세히 풀어 밝히는 것은 장차 돌이켜 그 뜻을 요약해
말하기 위함이다. 博學而詳說之 將以反說約也.

_《맹자孟子》〈이루離婁 하〉

맹자가 한 말입니다. 공부하는 모든 이들이 명심해야 할 말이
지요. 널리 배워야 합니다. 상세히 풀어 밝힐 수 있어야 합니다.
그리고 나서 사람들에게 간명하고 명쾌하게 보여, 사람들이 이
해할 수 있게 해야 합니다. 학자들은 이를 위해 늘 노력해야 합니

다. 넓고 깊게 열심히 공부하는 이유는 결국 간명하게 보여주고 이해시키기 위함이지요.

저는 '세勢'라는 개념을 명쾌하고 간명하게 이해시키기 위해 이 글을 쓰고 있습니다. 세는 도道와 기氣, 인仁 그리고 음양陰陽과 오행五行 같은 동아시아의 지적 전통에 '접속'하려면 반드시 알아야 할 개념입니다. 특히 병가兵家의 지혜를 익히고, 동양 미학의 세계에 들어가기 위해 필요합니다. 이것이 '세'를 다루는 이 책의 목적입니다.

오행

이름을 지을 때 고수하는 '항렬行列-돌림자' 관습에 대해 궁금해하는 분이 많습니다. 저도 종종 질문을 받고는 합니다. 제가 동양철학을 공부하다 보니 동양학과 연관된다 싶은 것들을 저에게 질문하는 듯합니다. 오늘날에는 항렬을 따지지 않거나 돌림자를 안 쓰는 경우도 많지만, 예전에 특히 남자의 경우에는 이름에 돌림자를 반드시 넣었지요. 왜 그랬을까요? 바로 '오행의 원리' 때문입니다. 음양오행의 원리를 적용해 이름을 짓다 보니 '항렬-돌림자'란 관습이 생긴 것이지요. 그런데 이를 보면 재미있게도 오행의 원리만이 아니라 동아시아인의 생사관生死觀과 꿈도 엿볼 수 있습니다.

오행의 원리란 이렇습니다. 인간을 포함해 자연 객관세계를 다섯 요소와 기운으로 설명하지요. 즉, 우리 동양에서는 목木, 금金, 수水, 화火, 토土라는 다섯 요소로 현상과 변화, 존재를 설명해왔습니다.

오행의 논리에는 '오행상생五行上生'의 원리가 있습니다. 금은 수를 낳고 수는 목을 낳고 목은 화를 낳습니다. 서로 '생生'합니다. 낳아주는 것이지요. 하나씩 살펴볼까요?

금생수金生水. 쇠는 물을 낳습니다. 금은 쇠와 암석, 돌 따위를 말합니다. 암석에서 물이 나오지요. 수도꼭지를 틀면 물이 나오지요. 돌은 물을 만들어줍니다.

수생목水生木. 물은 나무를 낳습니다. 돌이 만든 물은 식물을 키웁니다. 나무를 생해주지요.

목생화木生火. 나무는 불을 만듭니다.

화생토火生土. 불은 흙을 낳습니다.

토생금土生金. 흙은 다시 쇠를 낳습니다. 흙이 낳은 쇠는 다시 물을 만들고, 물은 다시 나무를 키우고, 나무는 불을, 불은 흙을, 흙은 다시 쇠를 낳습니다.

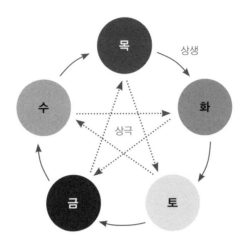

▶ 무한히 낳고 만들며 순환하는 오행상생의 원리. 동아시아의 지적 전통과 세계관을 표현한다.

이렇게 무한히 낳고 만들며 순환하는데, 이것이 오행상생의 원리입니다. 바로 여기에서 항렬-돌림자 문화가 생겨났습니다.

제 아버지의 돌림자는 '재宰'입니다. '재상 재' 자는 쇠 기운의 글자이지요. 제사에 쓴 고기를 칼로 잘라 나눠준다는 뜻에서 기원했습니다. 제 돌림자는 '순淳'입니다. 글자에 삼수변 보이지요? 물 기운의 글자입니다. 아버지 돌림자는 금, 제 돌림자는 수. 쇠 기운의 글자 다음에 물 기운의 글자. 이렇게 항렬이 정해집니다. 그럼 물 다음은 무엇일까요? 바로 목, 나무입니다. 마침 제

아들뻘 되는 항렬의 돌림자는 '빈彬'입니다. 변에 나무 목 자가 있습니다.

다른 가문도 마찬가지입니다. 자기 돌림자가 '식植'이면 나무 기운의 글자이지요. 그러면 아들 대의 항렬 돌림자에는 나무 다음인 불이 들어가야 합니다. 예를 들면 '영榮' 같은 글자입니다. 그다음 항렬-돌림자에는 흙이 들어가겠지요. '규圭'나 '산山' 부수가 들어가는 글자로 정할 것입니다.

여기에는 다 이유가 있습니다. 흙이 쇠를 낳고 쇠가 물을 낳고 물이 나무를 낳고 나무가 불을 낳고 불이 흙을 낳고……. 그러면서 자손이 끊이지 않고 가문이 영원히 지속되기를 염원한 것입니다.

이집트에서처럼 죽은 사람의 부활을 믿거나 인도에서처럼 내세와 윤회를 믿는 생사관과 우리는 거리가 멀지요. 우리는 대를 이어 자손이 꾸준히 퍼지는 '영생'을 꿈꿉니다. 그런 바람이 담긴 오행의 원리로 항렬과 돌림자를 만든 것입니다. 이처럼 항렬-돌림자 속에는 오행이라는 동아시아만의 논리가 숨어 있습니다.

오행 이야기가 나와서 말인데요, 시골 장날도 오행과 관련이 있습니다. 그 고장에서 가장 이름난 산, 풍수의 중심에 위치한 산을 이른바 주산主山이라고 합니다. 주산이 흙산 모양이면, 오행에서 흙은 숫자로 '5'와 '10'이니 그 고장의 장날은 5일, 10일이 됩니다. 주산이 금산 모양이면, 금이 숫자로는 '4'와 '9'이니 장날이 4일과 9일로 정해지지요. 이렇게 짝을 지어 정합니다. 그래야 그 고장이 잘된다고 보았습니다. 근대 이전의 장은 경제행위와 정보교환이 일어나는 곳이었습니다. 그래서 장이 서는 곳이 길해야 그 고장도 흥합니다. "돈과 정보여, 우리 동네로 들어오라!" 이런 뜻을 담아 오행의 원리로 날을 정한 것입니다.

항렬과 돌림자에도 다 이유가 있고 장날도 그렇습니다. 조상들이 스스로의 논리와 세계관을 바탕으로 자신들의 꿈을 담아 만든 것이지요.

이런 걸 보면, 동양학이나 동양철학이 어렵거나 별스러운 것이 아닙니다. 우리 삶과 동떨어져 있거나 고고한 사람만이 추구하는 것이 아니지요. 그것은 바로 '나'와 '우리'에 대한 이해이자 설명입니다. '나'와 '우리'를 둘러싸고 있는 것들에 대한 이야기, 우리 지적 전통과 문화와 철학과 사상 그리고 그 세계에 접속하는 길. 이것이 동양학이나 동양철학을 공부하는 가장 큰 이유입니다.

그런데 아무런 준비와 매개물 없이 그 세계에 접속해 들어갈 수는 없습니다. 반드시 알아야 할 것들과 꼭 이해해야 할 것들이 있지요. 방금 설명한 오행의 원리 같은 개념입니다. 이런 개념을 알아야 우리의 지적 전통을 이해할 수 있고, 우리가 어떻게 세계를 보아왔는지 살필 수 있습니다. 그리고 오행의 원리만큼이나 중요한 개념이 또 있습니다. 바로 '세'입니다. 이제 세를 통해 우리의 철학과 세계관, 즉 동아시아의 지적 전통과 '나'와 '우리'에 대해 이야기해보려고 합니다.

2

우
리
말
속
의
세

제가 이 책을 쓰기 전에 이세돌과 알파고의 바둑 대결이 많은 사람에게 관심을 끌었습니다. 바둑을 잘 모르는 사람들도 중계를 많이 보더군요. 그때 '세'라는 말이 참 많이 들렸습니다. 세가 죽는다, 세가 산다, 세를 끊는다, 세가 시든다, 세를 도모한다, 세가 유리하다, 세가 불리하다, 형세가 이렇다, 판세가 이렇다⋯⋯.

사실 바둑에서 가장 중요한 것이 세입니다. 나의 세를 키우고 상대의 세를 죽여야 하지요. 바둑 관련 사자성어에 이런 말이 있습니다. 세고취화勢孤取和. '세가 고립되었을 때는 화평을 취하라.' 주도권을 잃어 상황이 최악으로 치닫게 되면, 괜한 자존심

내세우지 말고 상대에게 고개를 숙이더라도 반전의 기회를 도모하라는 말입니다. 세가 미약할 때는 싸우지 말라는 뜻이지요.

세고취화는 바둑 10대 사자성어 가운데 하나입니다. 바둑 10대 사자성어는 980년경 북송北宋 때 반신수潘愼修가 지어 태종에게 헌상한 것으로 전해집니다. 위기십결圍棋十訣이라고 하는데 다음과 같습니다.

① 부득탐승不得貪勝 승리를 탐하면 이길 수 없다.

② 입계의완入界宜緩 상대의 세력권에 깊이 들어가지 마라.

③ 공피고아攻彼顧我 상대를 공격하기 전에 먼저 나를 돌아보라.

④ 기자쟁선棄子爭先 돌을 희생하더라도 선수를 잡아라.

⑤ 사소취대捨小取大 작은 것을 버리고 큰 것을 취하라.

⑥ 봉위수기逢危須棄 위기에 봉착하면 불필요한 것은 버려라.

⑦ 신물경속愼勿輕速 서두르지 말고 신중하라.

⑧ 동수상응動須相應 돌을 서로 연관되고 호응하도록 움직여라.

⑨ 피강자보彼强自保 상대가 강한 곳에서는 먼저 안전을 도모하라.

⑩ 세고취화勢孤取和 세가 고립되었을 때는 화평을 취하라.

모두 세를 취하여 크게 길러 승리하기 위한 조언이지요. 바둑은 상대보다 많은 영역을 확보해야 이기는 경기입니다. 최종적으로 상대보다 세가 우세하도록, 즉 세력이 우월하도록 조언한 것입니다. 바둑은 세입니다.

이세돌과 알파고의 대결 덕분에 세라는 말을 언론과 매스컴에서 많이 들을 수 있었습니다. 그런데 사실 세는 바둑이 아니어도 우리 언어생활에서 흔히 접할 수 있는 말입니다. 득세했다, 세를 얻었다, 요새 이게 대세다, 전세가 역전되었다, 지세를 보고 집을 지어야 한다, 수세에 몰려 패색이 짙어 보였으나 공세로 전환해 극적으로 역전승을 일궈냈다, 그 참모는 정세 판단을 잘한다, 형세가 이렇다, 기세가 올랐다, 기세가 죽었다, 오름세다, 내림세다 등 세라는 말이 들어간 표현이 참 많습니다.

대세, 수세, 공세, 기세, 지세, 형세, 정세, 거세, 판세 등은 정치적 상황과 국면을 논할 때 등장합니다. 스포츠에서 상황을 설명할 때도 등장하고 전쟁사를 논할 때도 쓰입니다. 서세書勢, 자세字勢 같은 말은 서예에서 쓰입니다. 단순히 상황과 환경을 설명할 때만이 아니라, 그림·시·서예 등 동양의 예술을 논할 때에도 중요하게 사용되는 것이지요. 풍수지리에서도 세가 아주 중요합니다. 중국 고대 철학부터 동양의 예술은 물론 의학이나 무술까지, 세를 모르면 동양을 완벽히 이해할 수도 없거니와 내 것으로 삼을 수도 없습니다.

그렇다고 너무 기죽을 필요는 없습니다. 우리의 언어생활에서 많이 쓰이는 말이기에 앞으로 드릴 세에 대한 설명이 어렵지 않을 겁니다. 이쯤에서 세가 쓰인 말의 뜻을 살펴보지요.

권세權勢 권력과 세력을 아울러 이르는 말.

대세大勢 일이 진행되어 가는 결정적인 형세.

위세威勢 ① 사람을 두렵게 하여 복종하게 하는 힘.

② 위엄이 있거나 맹렬한 기세.

위세位勢 지위와 권세를 아울러 이르는 말.

지세地勢 땅의 생긴 모양이나 형세.

등세騰勢 오름세.

등세等勢 동등한 세력.

등세騰勢 뒤에서 부추기는 힘이나 세력.

강세強勢 ① 강한 세력이나 기세.

② 경제에서 물가나 주가 따위의 시세가 올라가는 기세.

판세判勢 판의 형세.

기세氣勢 기운차게 뻗치는 형세.

정세情勢 일이 되어가는 형편.

정세政勢 정치상의 동향이나 형세.

공세攻勢 공격하는 태세. 또는 그런 세력.

수세守勢 적의 공격을 맞아 지키는 형세나 그 세력.

태세胎勢 어떤 일이나 상황을 앞둔 태도나 자세.

국세局勢 어떤 국면에 드러난 형세. 또는 어떤 판국으로 되어가는

　　　　형세.

거세去勢 ①동물의 생식 기능을 잃게 함.

　　　　②어떤 세력이나 대상 따위를 없앰.

_《표준국어대사전》

　마지막 말 '거세'를 보면 알 수 있듯, 세라는 말에는 에너지,
힘, 기운 또는 기운의 중심이라는 뜻이 담겨 있습니다. 그런데 이
에 앞서 세는 조건입니다. 눈앞에 놓인 조건이자 상황이며 형편
이지요. 세는 먼저 여기에서부터 시작해야 합니다.

2장

세의 본질

조
건
과 상
황

판세, 형세, 정세라는 말만 들어도 아시겠지만 일단 세는 조건
과 상황을 의미합니다. 당장 지금 보이고 읽히는 것을 말하지
요. 판세, 형세, 정세를 읽는다는 것은 눈앞에 놓인 조건과 상황
을 보는 것 아니겠습니까? 판세를 읽는다는 것은 판이 벌어진
상황을 보는 것이고, 정세를 읽는다는 것은 정치적 상황을 본다
는 말입니다. 우리는 좋은 조건을 만들어 유리한 상황에 처할
때 '세를 얻었다'고 합니다. 반대로 나쁜 조건 탓에 불리한 상황
에 처할 때 우리는 '세를 잃었다'고 합니다.

　예를 들어 설명하겠습니다. 흔히 속된 표현으로 '똥개도 제 안
방에서는 한 수 먹고 들어간다'고 합니다. 왜 그렇겠습니까? '자

기 집'에 있기 때문입니다. 자기 집이라는 조건과 상황이 자신에게 유리하게 작용합니다. 이는 결국 '세가 있기'에 한 수 먹고 들어간다는 뜻입니다. 그러니 스포츠 경기에서는 어느 팀이 유리하겠습니까? 홈팀이 당연히 유리합니다. 압도적인 홈 관중의 응원 속에 익숙한 환경에서 상대 팀과 싸웁니다. 국가 대항전 같은 경우는 시차와 기후라는 조건과 상황이 추가됩니다. 홈팀이 훨씬 더 유리한 조건과 상황에서 싸웁니다. 즉, 세가 유리한 가운데 경기를 합니다.

이런 경우도 있습니다. 축구 경기에서 우리 팀 선수 한 명이 퇴장을 당합니다. 그럼 어떻게 될까요? 이내 조건과 상황이 불리해집니다. 세를 잃은 채 싸울 수밖에 없게 되지요. 반대로 상대 팀 선수가 퇴장당한다면, 수적으로 유리해진 우리 팀이 세를 얻어 싸울 수 있게 됩니다.

이런 상황을 가정해봅시다. 깊은 산 고갯길을 걸어 넘어야 합니다. 낮과 밤이 같을까요? 당연히 다릅니다. 밤에는 정말 위험할 겁니다. 또 한밤중 산길을 혼자 가는 경우와 서넛이 함께 가는 경우가 있다고 합시다. 제아무리 뱃심 두둑하다 해도 혼자 산길을 가는 것보다는, 간이 콩알만 한 사람들이더라도 여럿이 함께 가는 게 훨씬 나을 겁니다. 세를 얻어 길을 가는 것이지요.

시위를 할 때도 마찬가지입니다. 사람이 적게 모여서 시위할 때와 많이 모여서 시위할 때, 언제가 유리하겠습니까? 당연히 많이 모일 때가 유리합니다. 우리는 흔히 사람이 많이 모여서 목소리를 낼 때 세를 과시한다고 합니다.

이런 걸 보면 정치인이 왜 자기 사람을 심고 키우려는지 알 수 있습니다. 다른 이유도 있겠지만 늘 유리한 정세를 이어가기 위함이지요. 정치인 옆에는 항상 '꾀주머니'가 있습니다. 이들의 주된 역할은 정세를 보고 읽는 것이지요. 동양 역사에서는 이런 사람들이 중심에서 활약했습니다. 장량張良과 순욱荀彧, 가후賈詡 같은 인물이지요. 유능한 책사나 전략가, 현자를 끼고 있는 이들이 당대의 패권을 거머쥐었습니다.

역사에서 이름난 책사 중에 순유荀攸라는 사람이 있었습니다. 조조曹操를 보좌하던 군사인 그가 조조에게 진언進言했습니다. 《삼국지》에 그 말이 나옵니다. "협천자挾天子 령제후令諸侯." 반드시 '천자를 모시고 천하의 군웅과 제후 들에게 명을 내려라'는 뜻입니다. 순유는 천자를 끼고 명령을 내리면 다른 군웅들보다 훨씬 유리한 위치에 설 수 있다고 생각했습니다. 대외적으로 무슨 발표를 내리든 천자의 이름과 권위를 빌려 적들을 압박할 수 있었기 때문입니다. 또 천자를 끼고 있으면 한漢이라는 나라에 미련이 남은 인재들을 등용할 수도 있었지요. 그렇게 하면 적보다 훨씬 유리한 조건과 상황에서 싸울 수 있다고 판단한 것입니다. 세를 얻어 싸우기 위함이었지요. 정말 결정적인 조언이었고, 이를 수용한 조조는 천자의 권위를 빌려 공세의 위치에서 싸울 수 있었습니다.

우리는 가끔 몸이 좋지 않을 때 한의원에 가서 진맥을 합니다. 자신의 몸 상태를 살피는 거지요. 한의학에서는 이렇게 말합니다. 모든 질병은 경락經絡이라는 기가 다니는 길인 '맥'을 보면 안다고요. 경락은 기가 다니는 고속도로인데, 기가 고속도로에서 씽씽 달리는지 여부를 진맥이란 행위를 통해 살펴보면 사람의 몸 상태를 알 수 있다고 합니다. 이렇듯 맥을 짚어 몸 상태를 살피는 행위를 '병세를 본다'고 합니다. 몸의 상태와 조건, 병의 상황을 보는 겁니다. 한마디로 진맥이란 행위는 인간 몸의 세를 보는 행위입니다.

앞서 풍수에서도 세를 중요하게 여긴다고 했습니다. 풍수란 '명당'을 찾기 위한 학문입니다. 삶의 조건을 기와 바람, 물이 결정한다는 것을 전제하고 좋은 조건의 땅을 찾지요. 그래서 풍수는 득수와 장풍을 중시합니다.

풍수에서는 물을 대단히 중요시하며 물을 살피는 방법을 일러 득수법得水法 혹은 관수법觀水法이라고 합니다. 줄여서 수법이라고 하는데, '수세水勢'를 볼 수 있어야 합니다. 물과 물길의 상태와 조건, 모양새를 볼 수 있어야 한다는 뜻이지요. 수세의 좋고 나쁨은 재물과 여인의 음란 등에 관계된다고 합니다. 특히 물길의 방향에 따라 그 터의 흥망성쇠가 결정됩니다.

물만이 아니라 바람도 중요합니다. 산을 많이 보는 까닭이 여기에 있습니다. 산이 겨우내 삭풍을 얼마나 막아줄 수 있는지 터를 둘러싼 산을 살펴봅니다. 수세만이 아니라 산세山勢도 보는 것이지요. 그렇게 해서 지세가 좋은 땅을 고르고 고릅니다. 이것이 풍수입니다. 그리고 여기에서 세는 조건과 상황입니다.

조건과 상황을 제대로 인식해야 하는 것에 땅의 세를 보는 풍수와 몸의 세를 보는 동양의학만 있는 것이 아닙니다. 하늘의 조건을 보는 동양의 전통 천문학, 사람의 얼굴을 보고 판단을 내리는 관상학 등도 모두 세를 읽기 위한 방편입니다.

동양 천문학은 기후와 기상의 조건과 상황을 읽기 위한 학문 체계, 즉 그 세를 보기 위한 학문이지요. 관상학에는 이목구비의 형形을 보는 관형觀形, 얼굴에 드러난 기를 살피는 찰색察色과 기찰氣察이 있는데, 이 역시 사람의 조건과 상황 즉 세를 읽기 위함입니다.

사실 세를 빼고서는 동양학의 세계에서 논할 수 있는 여지가 많지 않습니다. 학문과 장르를 막론하고 세에 대해 말하고 있습니다. 잘 알려진 《주역周易》도 그렇습니다. 8괘와 64괘를 이용해 현재 내가 놓여 있는 조건과 상황, 즉 세를 명확히 보는 내용이 바로 《주역》인 것이지요.

손자의 오사, 한비자의 권세

《손자병법孫子兵法》에서 손자孫子는 오사五事를 거론합니다. 오
사란 전쟁을 치르기 전에 따져야 할 거시적인 항목 다섯 가지,
즉 천天, 지地, 도道, 법法, 장將을 가리킵니다. 전쟁은 상대가 있
는 것이지요. 그래서 오사를 기준으로 상대와 자신의 조건과 상
황을 비교 분석하라고 했습니다.

  '천'은 기상과 기후의 조건과 상황입니다. 상대와 자신 가운
데 누가 더 기상과 기후의 조건이 유리한지 따져야 합니다. '지'
는 땅의 조건입니다. 누가 더 유리한 지형을 차지하고 있는지 보
아야 합니다. '도'는 정치적 조건입니다. 어느 나라가 선정을 베
풀어왔는지, 또 전쟁과 관련하여 정치적 합의가 잘 이루어졌는지
등을 살펴야 합니다. '법'은 군대의 조직과 편제입니다. 어느 군
대가 더 잘 조직되어 있는지, 군대의 규율과 법이 잘 만들어져 있
는지, 상벌이 공정하게 운용되는지 보아야 합니다. 그리고 '장'은
장군입니다. 인적 조건을 말하지요. 어느 나라의 장수가 더 우수
한지 살펴야 합니다.

손자는 이러한 조건과 상황, 즉 세를 잘 따져보고 움직이라고 했습니다. 그렇게 하면 전략과 전술을 더 신중하게 짤 수 있고, 적의 강점과 약점을 파고들어 전쟁에서 승리할 수 있기 때문입니다. 세를 중시한 손자는 눈앞의 조건과 상황을 늘 철저하게 살피는 것에서부터 전쟁을 시작하라고 했습니다. 적개심, 용기, 투지같은 감정이 아니라 눈앞의 세를 읽고 파악하는 차가운 이성이 먼저입니다.

한비자韓非子도 손자 못지않게 세를 중시했습니다. 그는 정치적인 세를 거론했습니다. '어떻게 하면 군주가 항상 유리한 정치적 조건과 상황을 만들어 유지하거나 강화할 것인가'에 대해 집중적으로 논했습니다. 그래서 한비자의 세는 권세의 의미가 강합니다. 권위와 권력이라고 이해하셔도 좋습니다. 권위와 권력은 군주에게는 중요한 조건과 상황입니다. 한비자는 군주가 신하들에게 휘둘리지 말고 정치적 주도권을 쥐어 그들을 끌고 가라고 했습니다. 이를 위해 필요한 것이 군주의 강한 권세라고 역설했지요. 그래서 세가 한비자 철학의 거의 모든 것이라 할 수 있습니다.

이렇듯 세는 조건과 상황을 말합니다. 조건과 상황을 읽어야 하고 이용해야 하며 유리하게 만들 수 있어야 합니다.

기
미
와

잠
재
력

앞서 관상학, 《주역》, 풍수지리 등을 이야기했습니다. 이들은 모두 우리 앞에 놓인 조건과 상황을 제대로 읽기 위한 독자적 학문 체계인데요, 단순하게 말하면 '도구'입니다. 조건과 상황을 명확하게 읽기 위한 수단적, 도구적 학문이라고 할 수 있지요. 동양학 대부분은 세와 밀접히 연관되어 있습니다. 그런데 재미있게도 동양학을 배우지 않았어도 우리는 세를 읽습니다. 살면서 알게 모르게 늘 그것을 읽으려 하지요.

 제비가 낮게 납니다. 그것을 보고 빨래를 걷습니다. 밤에 산책을 나왔는데 달무리가 져 있습니다. 역시 빨래를 걷습니다. 조건과 상황을 바탕으로 일이 되어가는 분위기를 읽은 것입니다. 이를 통해 우리는 세에는 조건과 상황만이 아니라 '기미'라는 뜻이 있음을 알 수 있습니다. 조건과 상황을 보면 어떻게 사태가 전개되고 일의 흐름이 만들어질지 알 수 있는데, 기미 역시 세의 범주에 들어갑니다. 아주 중요한 부분입니다. 세를 읽는다고 할 때는 단순히 조건과 상황만을 보아서는 안 되고 어떻게 일이 변해갈지 그 흐름을 지켜보아야 하지요.

아침에 출근했는데 팀장 얼굴이 아주 안 좋아 보입니다. 집에서 부인과 싸운 것 같습니다. 관상도 볼 줄 모르고 주역 점괘를 뽑아 본 것도 아니지만, 뭔가 눈치를 채고 분위기를 읽은 거지요. 이럴 때 팀장의 심기를 건드리지 않을까 조심하게 되지요. 우리는 분명 세를 읽은 겁니다. 다만 세를 읽는 정교한 틀과 체계를 모를 뿐입니다. 세를 읽는 데 필요한 틀과 체계 역시 하나의 세계관이자 학문입니다. 사람들은 대부분 틀과 체계를 갖춘 동양학의 세계관을 모르지만, 그럼에도 늘 조건과 상황, 낌새를 따져봅니다.

《주역》 같은 경우, 지금 자신을 둘러싼 조건과 상황만을 보는게 아니라 앞으로 그것이 어떻게 변해갈지도 봅니다. 기미를 조짐이나 징조라고 해도 됩니다. '상황 잠재력'이란 말로 이해하셔도 좋습니다. 조건과 상황에서 보이는 힘, 그 안에 내재된 잠재력을 말하니까요. 징조, 기미, 상황 잠재력 등 예상되는 일의 흐름

모두가 세입니다. 이것을 잘 보는 자가 진정한 현자이고 전략가입니다.

잠깐 언급했습니다만, 세에 대해 손자 이상으로 비중 있게 논한 사상가가 있습니다. 바로 한비자입니다. 그는 사태의 기미와 일의 징조를 항상 잘 볼 수 있어야 한다고 강조했습니다. 《한비자》에는 다음과 같은 이야기가 나옵니다.

옛적에 주 임금이 상아로 젓가락을 만들자 기자가 두려워했다. 그가 생각하기를 '상아 젓가락이라면 질그릇에 얹어 놓을 수 없고 반드시 서각犀角(코뿔소 뿔)이나 옥그릇에 얹어야 할 것이다. 상아 젓가락과 옥그릇이면 콩잎 국을 담을 수 없고 반드시 모우旄牛나 코끼리나 어린 표범 고기를 담아야 할 것이다. 모우나 코끼리나 어린 표범 고기라면 해진 짧은 옷을 입거나 띠 지붕 밑에서 먹을 수 없을 것이고, 반드시 비단옷을 겹겹이 입고 넓은 고대광실에서 먹어야 할 것이다. 나는 그 마지막이 두렵다. 그래서 그 시작을 두려워한다고 하였다'. 5년이 지나 주 임금이 고기를 늘어놓고 포락炮烙장치(고기를 구울 때 쓰였던 숯불 장치)를 펼치며 술지게미 쌓은 언덕을 오르고 술로 채운 연못에서 놀았다. 주는 결국 이 탓에 멸망했다. 기자는 상아 젓가락을 보고 천하의 화근을 미리 알 수 있었다.[1]

_《한비자》〈유로喩老〉

38

이야기에 나오는 기자는 상아로 만든 젓가락을 보고 앞날을 알 았습니다. 눈앞의 상황에서 본 작은 단서를 통해 징조와 기미를 읽은 것이지요. 한비자는 기자와 같은 눈이 필요하다고 했습니 다. 바로 세를 읽는 눈이지요.

앞서 바둑 이야기를 했습니다. 바둑에서 고수들은 상대의 포석 을 보면 상대가 돌을 어떻게 움직여 공격과 수비를 전개해갈지 보인다고 합니다. 이 역시 상대가 둔 돌의 자리를 보고 기미와 징 조를 읽은 것입니다.

손자 사상에서 큰 영향을 받았고 한비자와 문제의식을 같이하 는 노자老子도 《도덕경道德經》 63장에서 이렇게 말했습니다. "천 하의 일은 반드시 쉬운 데서 일어나고, 큰일은 반드시 조그마한 데서 생겨나며, 어려운 일을 하고자 할 때에는 처음 쉬울 때부터 시작해야 하고, 큰일을 행할 때에는 작은 일에서부터 시작해야 한다." 64장에서는 이렇게 말했습니다. "아직 드러나지 않은 것, 본격적으로 발전하지 않은 일은 도모하기 쉽고, 허약한 것은 쪼 개기 쉬우며 작은 것은 무너뜨리기 쉬우니, 아직 발전하고 커지 기 전에 손을 써야 한다." 작은 기미와 징조도 놓치지 말아야 하 고 거기에서 전개될 상황과 흐름도 알아야 합니다. 이렇듯 세를 읽을 수 있어야 진정으로 눈 밝은 사람, 즉 현자라 했습니다.

징조와 기미로서의 세라는 개념은, 병세란 말을 떠올리면 더욱 잘 이해할 수 있습니다. 진맥으로 병세를 읽는다고 했습니다. 의원은 맥을 짚어 몸에서 일어날 변화의 징조와 기미를 읽을 수 있습니다. 무슨 병이 생겨 그것이 어떻게 변화할지 알 수 있지요. 마침 한비자가 징조와 기미로서의 세를 논하면서 병에 관한 이야기를 했습니다.

편작이 제 환공을 만나뵈었다. 그가 선 채로 한동안 있다가 말하기를, "군주의 병세가 피부에 있습니다. 치료하지 않으면 앞으로 병이 깊어질까 두렵습니다"라고 하였다. 환공이 말하기를, "나는 병이 없다"라고 하였다. 편작이 물러난 후 환공이 말하기를, "의원이 우쭐거리기를 좋아하여 병이 아닌 것을 고쳐 공을 세우려고 하는구나" 하였다. 열흘이 지나 편작이 다시 환공을 뵙고 말하기를, "군주의 병이 살갗 속에 있습니다. 치료하지 않으면 앞으로 병이 더욱 깊어질 것입니다" 하였다. 환공이 대꾸하지 않자 편작이 물러갔다. 이번에도 환공은 심기가 좋지 않았다. 또 열흘이 지나 편작이 다시 환공을 뵙고, "군주의 병이 창자와 위 속에 있습니다. 치료하지 않으면 병이 더욱 깊어질 것입니다" 하였다. 또다시 환공은 이를 무시했다. 또 열흘이 지나 편작이 왔는데, 환공을 멀리서 바라보고는 발길을 돌려 달아났다. 환공이 일부러 사람을 보내 까닭을 물으니 편작이 답했다. "병이 피부에 있으면 찜질로 치료할 수 있고, 살갗

속에 있으면 침으로 치료할 수 있으며, 창자와 위 속에 있으면 약제로 치료할 수 있습니다. 그러나 병이 골수에 있으면, 이는 명을 관장하는 신인 사명司命의 소관입니다. 지금은 어쩔 수 없는 지경입니다. 병이 골수에 있으니 저는 할 말이 없습니다." 닷새가 지나자 환공은 정말 몸져 누웠다. 사람을 시켜 편작을 찾았으나 그는 이미 도망가버렸고 환공은 얼마 안 가 죽고 말았다. 그러므로 훌륭한 의원은 병을 치료할 때 피부부터 다스리는데 이는 모두 작은 것부터 해치우는 까닭이다. 대저 사물의 화와 복도 역시 이와 같은 처지에 있다. 그러므로 성인은 일찍 일을 처리한다. [2]

_《한비자》〈유로〉

한비자가 말하길 훌륭한 의원은 병이 살갗에 드러났을 때 고친답니다. 우리는 중병에 걸려 오늘내일하는 사람을 대수술하여 살리는 사람을 명의라 하지만, 한비자는 편작처럼 병의 시작 단계에서 손을 쓰려는 사람을 명의라 생각했습니다. 편작은 병이 살갗에 있을 때 알아보았습니다. 이처럼 작은 징조를 놓치지 말고 읽어야 합니다.

그런데 조건과 상황, 여기에서 읽히는 일의 추세나 상황 잠재력을 놓치지 않고 보는 능력은 어디에서 가장 절실히 요구될까요? 바로 전쟁터입니다.

마침 《삼국지》에서 촉나라의 승상이자 총사령관으로 나오는 제갈량이 한 말이 있습니다. 제갈량은 뛰어난 장수는 반드시 기미를 이용해서 승리를 거둔다고 했지요. 여기에는 세 가지 기미가 있다고 했습니다.

① 사기事機 일에서 보이는 기미. "일에서 보이는 기미가 유리하게 전개되는 상황에서 그것을 살리지 못하는 자는 지혜로운 이라 할 수 없다."

② 세기勢機 형세에서 보이는 기미. "형세에서 보이는 기미가 유리하게 전개되는 상황에서 그것을 제대로 만들지 못하는 자는 현명한 이라 할 수 없다."

③ 정기精機 정세에서 보이는 기미. "정세에서 보이는 기미가 유리하게 전개되는 상황에서 그것을 타지 못하는 자는 용기 있는 이라 할 수 없다."

전쟁터에서 잔뼈가 굵은 제갈량이 기미로서의 세에 대해 논하며, 뛰어난 장수가 어떤 자인지 말했습니다. 기미로서의 세를 잘보고 활용할 줄 알아야 명장이랍니다. 그렇습니다. 세는 본래 전쟁에 대한 사유에서 기원했습니다.

⑤ 병법, 세의 기원

병경백자가 말하는 세

사나운 호랑이는 낮은 자리에 웅거하지 않는다. 굳센 매가 어찌 연약한 가지에 앉겠는가? 그러므로 병법을 운용하는 자는 세를 헤아리는 것에 힘쓴다. 한 모퉁이에 자리하고 있어도 천하의 사람들이 불안해하며 안정된 거처를 두지 못하는 것은 그들이 윗자리를 제압하고 있기 때문이다. 적은 군사로 많은 적군을 맞이하는데, 적군이 견고한 갑옷과 날카로운 병기를 가지고서도 막고 피하기만 하면서 감히 마주 싸우지 못하는 것은 그 중요한 곳을 움켜쥐고 있기 때문이다. 하나의 주둔지를 격파했는데 여러 주둔지가 모두 와해되고

한 곳에서만 이겼는데 여러 곳이 모두 쓰러지는 것은 적군이 의지하는 요충지를 무너뜨렸기 때문이다. …… 땅의 세를 잘 살피고 군의 세를 잘 만들어 기술로 잘 활용하면 싸울 때마다 이롭지 않은 것이 없다.

《병경백자兵經百字》에 나오는 이야기입니다. 명나라 말, 청나라 초에 게훤揭暄이라는 사람이 전래 병법을 100개 키워드로 압축하여 체계화해 묶은 책입니다. 전쟁에 관련된 글자 100개로 개념 100가지를 설명했는데, 세에 대해서 이렇게 말했습니다. 사실 세는 전쟁과 관련된 사유에서 기원했지요. 앞서 세를 조건과 상황이라고 했습니다. 그리고 여기에서 보이는 기미와 징조, 예상되는 일의 흐름이라고 했습니다. 이런 것들에 대한 인식과 파악이 가장 중요한 곳이 바로 전쟁터입니다.

세는 병가의 창시자인 손자가 《손자병법》에서 처음으로 이야기했습니다.

전쟁은 나라의 큰일이다. 인민의 생사와 국가의 존망이 결정되니 깊이 살피지 않으면 안 된다. 兵者, 國之大事, 死生之地 存亡之道 不可不察也.

《손자병법孫子兵法》〈허실虛實〉

이렇게 전쟁에 대해 이야기한 뒤 오사와 칠계七計를 말했지요. 전쟁으로 인민의 생사와 국가의 존망이 결정되니 적과 나의 대립을 둘러싼 조건과 상황을 면밀히 관찰해야 하므로 오사와 칠계로 관찰하고 따져보라고 했습니다.

오사는 적과 나의 전력, 적과 내가 놓인 조건과 상황을 살피는 다섯 가지 항목입니다. 칠계 역시 적과 나의 전력과 상황, 조건을 비교 분석하기 위한 항목이지요. 이렇게 오사와 칠계를 거론하고 나서 다음과 같이 말했습니다. "전쟁에 대해 조건과 상황을 따져보았을 때 누가 유리하고 불리한지, 어떤 조건과 요소가 나에게 그리고 적에게 유리하고 불리한지 살펴보아야 한다. 이를 토대로 해볼 만하다, 이길 수 있다고 판단해 전쟁을 하기로 결정했다면 전략과 전술을 잘 짜 세를 만들어 현실에서 자신의 목표가 이루어지도록 해야 한다. 전면전을 하기로 했다면 전략과 전술, 작전을 잘 구상해 세를 만들어야 한다."

조건과 상황에 대한 면밀한 분석과 틀림없는 판단, 그리고 그것들을 활용할 수 있는 전술과 작전을 만들어내서 현장에서 유리하게 싸울 수 있어야 합니다. 그래야 세를 만들 수 있고 시작부터 세를 얻어 싸울 수 있습니다. 손자는 다음과 같이 말했습니다.

세라는 것은 적과 나의 이로움과 해로움의 관계를 따져 눈앞의 상황을 만들어가는 것이다.勢者 因利而制權也.

　전쟁을 앞둔 상황에서 나를 둘러싼 조건 가운데 나에게 이로운
게 있고 해로운 게 있을 겁니다. 적을 둘러싼 조건 가운데도 적에
게 이로운 게 있고 해로운 게 있을 것입니다. 적에게 이로운 것은
나에게 해로운 것이고 적에게 해로운 것은 나에게 이로운 것일
텐데요. "세자 인리이제권야"는 나와 적을 둘러싼 상황 중에서
이롭고 해로운 조건을 잘 파악하고 활용해 나에게 유리한 조건과
상황을 만들어가라는 뜻입니다. 그래야만 세를 얻은 채 싸움을
시작할 수 있다는 것입니다. 우세優勢한 채 싸울 수 있고 늘 나를
공세攻勢의 위치에 둘 수 있습니다.
　손자는 《손자병법》에서 이런 조언들을 했습니다.

병자궤도兵者詭道 전쟁은 속임수이다.

능이시지불능能而示之不能 잘할 수 있지만 못하는 체하라.

용이시지불용用而示之不用 병사를 사용해도 사용하지 않을 것처럼
　　하라.

근이시지원 원이시지근近而示之遠 遠而示之近 가까운 곳에서 싸울
　　것인데도 먼 곳에서 싸우는 체하며 먼 곳에서 싸울 것인데도

46

가까운 곳에서 싸우는 체하라.

노이요지怒而撓之 적을 격분시켜 교란하라.

비이교지卑而驕之 비굴하게 보여서 적을 교만하게 하라.

일이로지佚而勞之 적이 편안하면 피로하게 만들어라.

친이리지親而離之 적이 서로 친하면 틈을 벌려놓아라.

손자는 적을 속이고 기만하라고 합니다. 나를 과소평가하게 만들고 때로는 나를 과대평가하게 만들라고 했지요. 그리고 적을 교란시키고 그 안에서 틈을 벌리라고 합니다. 이렇게 싸우기도 전에 적의 힘을 빼놓아야 합니다. 왜 이런 이야기들을 했을까요? 그래야 내가 최대한 유리한 상황에서 싸움을 시작할 수 있기 때문입니다. 즉, 득세한 채 싸움을 시작할 수 있기에 이런 조언을 한 것이지요. 전쟁이란 게 적과 나, 각자의 유형적인 힘이 1대 1로 부딪치는 것이 아닙니다. 얼마든지 조건과 상황에 따라 바뀔 수 있습니다. 나의 유형적 힘이 약해도 세가 유리하면 이길 수 있다고 이야기한 것입니다. 〈시계〉편 말고도 《손자병법》을 읽다 보면 세를 얻고 장악하기 위한 무수한 원칙과 지침을 볼 수 있습니다.

손자뿐만 아니라 다른 병법가들도 어떻게 하면 세를 얻고 장악할지에 대해 많이 이야기했습니다. 대표적으로 손빈孫臏이 있습니다. "보급로를 차단하라. 반드시 구하지 않으면 안 되는 요충지를 공격하라. 그래서 적이 굳게 지키던 진지로부터 이동하게 만들어라. 일부러 적에게 아군이 약하다는 인식을 심어 적이 방심하게 만들어라. 적이 예상치 못한 시간과 장소에서 적을 공격하라. 특히 적이 미처 대비하지 못한 곳을 공격해야 한다. 적을 최대한 분산시켜라. 적의 주력을 허탕 치게 하고 상대의 힘을 쓸데없는 곳에 소모하게 할 수 있어야 한다."

당대에 손빈을 귀세자貴勢者라고 했습니다. 귀세자란 세를 귀하게 여긴 전략가라는 뜻입니다. 손빈은 손자 못지않게 철저히 세를 중심으로 사유하며 병법을 논한 사람입니다. 그도 역시 항상 아군이 유리한 조건과 환경에서 싸움을 시작해 상대를 부술 수 있어야 한다고 주장했습니다. 손자의 세를 극단으로 밀고 나간 사람이면서 《손자병법》을 발전시킨 사람이지요. 이렇게 손자의 병법이든 손빈의 병법이든 두 사람의 사상은 세로 귀결된다고 해도 과언이 아닙니다. 조건과 상황을 장악하고 활용해 최대한 유리한 조건과 환경에서 적과 싸울 수 있어야 합니다.

전략가와 세

손자가 말했습니다. 승리는 세에서 구하는 것이지 인간에게서 구하는 것이 아니라고. 인간의 영웅적 자질과 용기, 필승의 의지에서 승리를 구해선 안 됩니다. 어디까지나 조건과 상황에서 구하고 만들어내야 하는 것입니다. 영웅이 되려고 한다거나 영웅을 기다려서는 안 됩니다. 장수는 냉철한 이성으로 조건과 상황을 읽는 현자를 가까이하거나 스스로 세를 잘 읽고 활용하는 전략가가 되어야 합니다.

훌륭한 전략가는 전쟁과 관련한 모든 조건을 미리 정확하게 파악하고 그 조건들이 계속 아군에게 유리한 상황을 만들도록 전황을 이끌 줄 아는 사람입니다. 적과 맞붙기 전에는 모든 조건과 상황을 자신에게 유리한 방향으로 조성하고 또 전쟁이 시작한 이후에도 조건과 상황을 늘 자신의 편에 유리하게 이끕니다.[3] 전쟁을 시작할 때부터 끝낼 때까지 조건과 상황을 장악하고 만들어내는 사람이 전략가이지요. 손자는 그런 전략가가 될 수 있어야 한다고 말한 것입니다. 승리는 자신이 쟁취하는 것이 아닙니다. 장수의 영웅적 자질이나 병사들의 투지에 의지하지 않고 자연스럽게 이기는 방향으로 흐르도록 하여 시나브로 승리에 귀결되도록 하는 것이지요.

세를 잘 읽고 활용해 익은 감이 떨어지듯이 승리가 다가오도록 하는 사람. 시나브로 목적이 달성되도록 하는 사람. 전쟁터뿐 아니라 정치 현장, 정치 투쟁의 장에서도 그런 전략가가 필요했습니다. 훌륭한 장수와 참모만을 전략가라고 하지 않았지요. 정치 현장에서 우리는 조건과 상황을 잘 읽고 유리하게 만들어가는 사람을 전략가라고 했습니다. 이렇게 세를 읽고 활용하고 만들어가는 전략가는 동아시아 역사에서 늘 필요로 하던 사람이었습니다.

⑥

주
도
권

전쟁이든 정치 투쟁이든 세를 만들고 활용하는 이는 절대 상대에게 끌려다니지 않습니다. 조건과 상황을 잘 이용하여 그것들이 항상 자신에게 유리하게 작동하게 합니다. 세를 잘 활용하는 이는 적에게 끌려 다니지 않고 오히려 적을 끌고 다닙니다. 다른 말로 '주도권을 쥐었다'라고 할 수 있습니다. 이처럼 세에는 주도권이라는 의미가 있습니다. '득세했다'는 말은 주도권을 잡았다는 뜻입니다. 또 다른 말로 공세를 취한다, 공세의 위치에 있다고도 말합니다. 늘 주도권을 장악하고 공세의 위치에서 싸우라는 것은 손자 그리고 귀세자 손빈이 강조한 바입니다. 이들은 어떻게 하면 주도권을 손에 쥔 채 싸울 수 있을지 고민했고 조언했습니다.

손자가 말했습니다. "선전자善戰者, 치인이불치우인致人而不致于人, 치우인致于人." 절대 적에게 끌려 다니지 말고 치인致人, 즉 상대를 끌고 다닐 수 있어야 한다는 것입니다. 바꿔 말하면 항상 세를 잃지 말아야 한다, 공세의 위치에 설 수 있어야 한다는 뜻입니다. 주도권을 쥔 채 공세의 흐름에서 상대를 밀어붙일 수 있도록 늘 최선을 다하라는 것이지요. 상대에게 끌려 다니면 세를 잃는 것이고 그러면 패할 수밖에 없다고 했습니다. 손자는 치인을 위해 세 가지 도구를 제시했습니다.

세를 위한 세 가지 도구

주도권을 쥐고 세를 장악해 적과 싸우기 위해서 일종의 조종간操縱杆이 필요합니다. 바로 '이익', '불이익', '급소'입니다.

적이 자신에게 오도록 할 수 있는 것은 그들이 이롭다고 생각하기 때문이며 적이 오지 못하게 할 수 있는 것은 그들이 해롭다고 생각하기 때문이다. 能使敵人自至者, 利之也; 能使敵不得至者, 害之也.

_《손자병법》〈허실〉

'이익'이란 미끼입니다. 미끼를 던져 적을 유인하는 것입니다. 상대가 나에게 자연스럽게 끌려오도록 미끼를 던져야 하지요. 특히 내가 원하는 장소로 상대를 오도록 하면 좋습니다. '불이익'이란 반대로 적이 다가오지 못하도록 만드는 것입니다. 저곳으로 들어가면 손해라고 인식하게 해 상대가 오지 못하도록 조종하는 것이지요. 손자는 세를 장악하기 위해서는 이익과 불이익 말고도 급소라는 것을 잘 활용해야 한다고 역설했습니다.

> 감히 묻겠다. 적의 대병력이 정돈되어 장차 진격하려고 하면 어떻게 해야겠는가? 답을 하자면 이런 경우에는 먼저 적이 중요시하는 곳을 탈취하면 된다. 이렇게 하면 적은 아군 측의 행동에 응하게 되어 있다. 敢問: 敵衆整而將來, 待之若何? 曰: 先奪其所愛, 則聽矣.
>
> _《손자병법》〈구지九地〉

급소는 적의 요충지이고 전략적 핵심 지역입니다. 상대가 절대 빼앗겨서는 안 된다고 인식하는 곳이지요. 손자는 '급소'를 공격하라고 했습니다. 과감하게 움직여 식량이나 무기가 저장되어 있는 요충지를 공격하라고 했지요. 그러면 적은 나의 의도대로 움직이게 된다, 주도권을 장악하기 위해 때론 모험에 가까운 기동으로 그 급소를 칠 수 있어야 한다고 했습니다. 그래야 가시적인 전력이 상대에 비해 처져도 주도권을 쥔 채 적과 싸울 수 있고 결국 승리할 수 있다고 보았습니다.

공기필구 위위구조

'적의 요충지를 기습해 주도권을 완전히 내 것으로 장악하라.' 이는 손빈도 중요하게 생각한 것이었습니다. 손자와 달리 손빈은 이를 실전에서 제대로 보여주었지요.

위魏나라가 조趙나라를 침공한 일이 있었습니다. 조나라 수도 한단을 에워쌌는데 조나라에서는 제나라에 구원을 요청했습니다. 손빈은 제나라 군사 고문으로 전기田忌를 보좌하고 있었습니다. 그는 위나라의 수도 대량으로 신속히 제나라의 정예 군대를 보내자고 했습니다. 이때 전기는 손빈의 제안에 선뜻 응하지 않았습니다. 조나라의 수도 한단으로 가 그곳에 주둔한 위나라 군과 직접 맞붙는 게 좋지 않겠느냐고 이야기했습니다. 손빈은 의견을 굽히지 않고 위나라의 수도 대량으로 군사들을 보내야 한다고 거듭 주장했지요.

"현재 위나라 군대가 조나라를 포위하고 있기 때문에 위나라의 수

도는 반드시 비었을 것입니다. 우리가 군대를 이끌고 위나라의 수도로 진격한다면 조나라에 있는 위나라 군대는 반드시 조나라에 대한 포위를 풀고 군사를 돌려 자기 나라로 달려올 것입니다. 이렇게 즉시 구하지 않을 수 없는 곳을 공격하는 전법을 써야 합니다."[4]

적이 있는 곳에 가서 싸우는 것이 아니라 적을 끌어오라. 공기필구攻其必求, 즉 적이 반드시 구해야 하는 땅을 공격하라. 이 전술을 펼치기 전 손빈은 먼저 제나라에서 약한 부대를 파견해 위나라 군대와 싸우게 했습니다. 아군의 전투력을 과소평가시키면서 적의 시선을 잡아두기 위해 일부러 패하게 한 것입니다. 그러면서 몰래 병력을 보내 상대의 심장부를 치게 했습니다.

제나라 군대가 공격한 위나라의 수도 대량大梁은 병력이 원정을 나가 텅 비어 있었지요. 비어 있는 수도를 치는데 위나라 군대가 어떻게 조나라의 수도 한단에서 싸울 수 있겠습니까. 조나라 군대는 급하게 대량으로 귀환하는데요. 손빈은 그들이 돌아오는 길목에 복병을 숨겨두어 위나라 군대를 크게 물리쳤죠. 이게 바로 유명한 위위구조圍魏救趙입니다. 워낙에 탁월한 전술이었기에 병법 36계 가운데 두 번째 계책이 되었는데요, 마오쩌둥이 극찬한 전술입니다. 상대가 반드시 지켜야 할 급소를 쳐 상대를 유인해 내가 원하는 장소로 불러냅니다. 거기서 숨을 고르고 기다렸다가 헐레벌떡 오는 적을 칩니다. 내가 완전히 유리한 상황에서 전투를 시작할 수 있고 처음부터 주도권을 쥔 채 싸울 수 있는 것입니다. 그게 바로 위위구조 전술입니다. 주도권으로서의 세, 그것을 장악하기 위한 지혜의 결정판이라고 할 수 있습니다.

지형과 주도권

주도권을 잡으려면 지리적 조건을 장악하는 일이 가장 중요합니다. 유리한 지형을 선점하고 지형에 맞는 전술로 싸움에 임해야 합니다. 그래서 많은 병법가가 지세를 말했습니다. 땅의 세, 땅의 조건과 상황에 맞게 싸우라, 또 좋은 조건의 땅을 먼저 차지하라고 말했지요. 제갈량은 《제갈공명 병법諸葛孔明兵法》〈지세地勢〉에서 이렇게 말했습니다.

지세는 병법의 커다란 대들보이다. 전장의 지세를 알지 못하고는 싸워서 이길 수 없고 그러한 장수는 일찍이 존재한 적이 없다. 그러므로 지세에 따른 전투 방법을 정리해둔다.
① 산림이나 구릉 고원, 큰 강가의 모래밭은 보병 전투에 적합하다.

② 산기슭에서 덩굴풀이 매우 빽빽하게 난 땅은 전차와 기병 전투에 적합하다.

③ 산을 등지고 계곡에 가깝고 울창한 숲길에서 계곡을 끼고 있는 땅은 활과 쇠뇌를 쓰는 전투에 적합하다.

④ 풀이 성기게 난 평탄한 땅으로 자유자재로 이리저리 움직일 수 있는 땅은 긴 창을 쓰는 것이 좋다.

⑤ 갈대가 나고 대밭이 여기저기 흩어져 있는 습지대는 창을 쓰는 전투에 적합하다.

산림이나 구릉 고원에서는 보병이 유리하다는데 내가 만약 보병대라면 산림이나 구릉 고원에서 싸워야 할 것입니다. 산기슭과 덩굴풀이 우거진 곳은 전차와 기병이 유리하다고 하는데 내가 전차와 기병으로 구성된 부대라면 산기슭과 덩굴풀이 우거진 장소에서 싸워야 할 것입니다. 지형 조건에 맞게 싸우려하고 내 장기가 힘을 쓸 수 있는 지형 조건을 찾아서 거기서 적을 상대해야 합니다. 주도권으로서의 세를 장악하려면 이렇게 지세라는 조건과 상황을 제대로 보고 이용할 수 있어야지요. 그렇기에 많은 병법가들이 땅에 대해 논한 것입니다. 사전에 아무리 훌륭한 전술과 작전을 짜고 나와도 지세라는 땅의 조건에 맞지 않고 그 땅의 상황을 이용하지 못하면 공세의 위치에서 싸울 수 없을 것입니다.

참고로, 손자도《손자병법》에서 지형별로 어떻게 싸울 것이며 전술을 짜내야 하는지 조언했습니다.

⑦
생명력

기정상생

《손자병법》그리고《손빈병법孫臏兵法》에서는 세를 만들고 장악하는 데 있어 결정적인 기정奇正의 상생, 기정의 조화에 관해 이야기합니다. 기奇와 정正을 두루 활용해서 싸워야 한다, 그래야 전술적 주도권을 쥘 수 있고 세를 내 것으로 할 수 있다고 했습니다. 이 이야기를 보면 동양 미학이 어떻게 시작되었는지 알수 있습니다.

　기奇는 변칙 또는 기습 공격입니다. 정正은 정공입니다. 정병은 선발대이고 기병은 예비부대입니다. 기와 정이 조화되어야 합니다. 정규전, 정병正兵, 정면 승부와 정공법만으로는 안 됩니다. 변칙 전술과 기발함, 기습 부대와 별동대 같은 기병奇兵도 활용해야지요. 그래야 주도권을 장악한 채 싸울 수 있답니다. 손자와 손빈은 정正만으로는 안 되며 기와 정이 상생하고 조화해야 세를 만들 수 있다고 보았습니다.

무릇 전쟁이란 정으로 대적하고 기로 승리한다. 그러므로 기를 잘 쓰는 자는 천지처럼 무궁하며 강물처럼 마르지 않는다. 끝났다가 다시 시작하는 것은 해, 달과 같고 죽었다가 다시 살아나는 사계절과 같다. 凡戰者, 以正合, 以奇勝. 故善出奇者, 無窮如天地, 不竭如江河, 終而復始, 日月是也. 死而復生, 四時是也.

소리는 다섯 개에 불과하지만 그것이 조합을 이루면 이루 다 들을 수 없을 정도로 많으며, 색은 다섯 개에 불과하지만 그것이 조합을 이루면 이루 다 볼 수 없을 정도로 많으며, 맛은 다섯 개에 불과하지만 그것이 조합을 이루면 이루 다 맛볼 수 없을 정도로 많다. 전세라는 것은 기정에 불과하고, 기정의 조합에 따라 수는 끝이 없다. 기정은 상생하며 순환하여 끝이 없는 듯하니 누가 다 해볼 수 있겠는가?[5]

_《손자병법》〈세勢〉

전세라는 것은 기정에 불과합니다 戰勢不過奇正. 기와 정에 대해 다시 한 번 이야기하자면 정은 정면 공격이며 정예병끼리의 승부이고, 기는 변칙 전술입니다. 손자와 손빈 모두 세와 승리는 특히 기의 활용에 달려 있다고 말했지요. 장수와 전략가는 강한 정예부대와 정면 승부 능력만을 키울 것이 아니라 변칙 전술과 작전, 예비부대의 육성과 활용에 대해 항상 고민해야 합니다.

야구를 통해 기와 정을 쉽게 설명해보겠습니다. 투수가 직구만으로는 타자를 이길 수 없습니다. 변화구도 써야지요. 또 커브와 슬라이더, 포크, 체인지업 등 변화구를 다양하게 쓸수록 좋습니다. 기와 정의 원리도 이와 같습니다. 정면 대결과 정면 승부만으로는 안 됩니다. 스트라이크 잡으러 들어가는 직구만 가지고는 안 됩니다. 직구를 받쳐주는 변화구 같은 변칙 작전, 전술이 있어야 한다는 거지요. 이게 바로 기입니다. 직구와 변화구를 적절히 섞어 타자를 요리하는 투수처럼 장수도 기와 정을 함께 쓸 수 있어야 합니다.

고갈되지 않는 생명의 힘

이렇게 기정의 상생을 강조했던 손자는 기와 정이 서로 짝을 이루면 무수한 수를 만들어낼 수 있다고 이야기했습니다. 야구에서 직구와 변화구를 조합하면 다양한 볼 배합과 수가 나올 수 있는 것과 같습니다. 손자는 이를 시적 표현으로 강조한 것입니다.

기와 정을 잘 조화시키는 전략가의 군대는 천지처럼 무궁하고 강물처럼 마르지 않는다고 합니다. 언제나 다시 뜨는 해와 달 같고 항상 순환하며 연속되는 사계절 같습니다. 기와 정이 상생하면 군대가 고갈되지 않는 힘, 계속되는 힘을 가진다는 것이지요. 힘찬 기운과 생명력을 만들기 위해 기정을 잘 상생 조화시키라는 뜻입니다.

여기서 세는 생명력입니다. 살아 움직이는 기운과 힘이지요. 남성의 생식기를 자르는 행위를 '거세去勢'라고 합니다. 생명력 그 자체를 제거하기 때문입니다.

정리하자면, 기와 정의 조화로 세가 생기고 세가 힘과 생명력을 만들어냅니다.

생명력과 동양 미학

끝없이 샘솟고 변화하는 천지자연과 같은 생명력은 군대만이 아니라 동양 예술 세계에서도 강조합니다. 서예든 시든 그림이든 모두 생명력을 강조하지요. 작품 안에 강한 생명의 기운이 있어야 작품 안에서 우주적 흡입력이 생겨 그림과 내가, 글자와 내가, 시와 내가 하나가 된다고 합니다.

용솟음치는 기운, 꿈틀거리듯 살아 움직이는 힘, 퍼내도 계속 물이 나오는 샘과 같은 기운과 생명력. 공교롭게도 예술 작품에서도 이런 힘이 보일 경우 세를 얻었다, 세를 취했다고 합니다. 군대가 기정의 상생과 조화로 마르지 않는 생명력과 기운을 얻었을 때 세를 만들어냈다고 하는 것과 같습니다.

더욱 공교로운 사실이 있습니다. 군대에서는 기와 정의 조화, 서로 반대되고 상치되는 것끼리의 조화와 상생이 있어야 세가 만들어집니다. 예술 작품 역시 마찬가지입니다. 반대되는 것끼리 서로 조화하고 마주하고 상생해야 세가 만들어지고 힘이 만들어집니다. 직선과 곡선, 느슨함과 성김, 촘촘함과 빽빽함, 다듬어지지 않은 것과 다듬어진 것. 이런 것이 서로 대립되듯 조화해야 하지요. 그래야 예술 작품이 힘과 생명력을 얻을 수 있습니다. 동양 예술 세계와 미학에서 대칭성과 짝, 즉 대구對句를 강조하는 까닭입니다. 그래야 미학적 성취를 이룰 수 있습니다.

이런 동양 예술 세계의 미적 가치의 근원이 병법에 있다는 점이 중요합니다. 세를 중시한 동양의 예술 세계와 미학이 이렇게 병가의 사유와 지혜에 크게 빚을 졌는데요, 풍수도 사실 병가의 지혜와 크게 관련이 있습니다. 풍수에서는 좋은 세의 땅을 찾아야 합니다. 좋은 세의 땅은 세를 얻은 군대와 시, 서예, 그림처럼 생명의 힘이 꿈틀거리는 곳입니다. 그런 곳에 살아야 인간이 탈 없이 살 수 있고 수복강녕을 누릴 수 있습니다. 풍수에서도 세는 생명력입니다.

무

어떻게 군대에서 세를 만들어낼 것인가, 어떻게 작품에서 세를 만들어낼 것인가, 이는 모두 생명력을 만들어내기 위한 고민이지요. 생명력을 만들어내는 데 있어 반대되는 것끼리 서로 짝을 이루며 조화를 이루는 것 말고도 이야기할 것이 더 있습니다. 바로 무無입니다. 보이지 않게 해야 합니다. 가려야 합니다. 군대도 예술 작품도 무를 할 줄 알고 적당히 숨기고 은폐할 수 있어야 합니다 .

군대는 아군의 허실과 의도, 이동 방향을 드러내지 않습니다. 상대가 모르게 합니다. 예술 작품은 적당히 여백을 남기고 하고 싶은 말을 쳐내 함축적인 미를 추구합니다. 감상하는 이가 직접

▶ 여백의 미가 잘 드러난 13세기 하규夏珪의 〈산시청람도山市晴嵐圖〉.

찾고 느낄 수 있게 해야 합니다. 보여주지 않고 가리면서 생기는 힘이 있기 때문입니다. '무'의 힘에서 군대와 예술 작품의 세가 만들어지듯 명당 같은 경우도 사신사四神砂라는 산이 땅을 가려야 하지요. 외부로 드러난 땅은 명당이 될 수 없습니다.

《병경백자》라는 병법서에서는 무에 대해 다음과 같이 설명합니다.

대체로 자신이 가진 것을 드러내는 자는 신비한 술책으로도 승리를 보증할 수 없다. 보증할 수 없으면 일을 만나도 스스로 지탱할 수 없으니 실패하지 않는 경우가 드물다. 그러므로 병법을 잘 운용하는 사람은 군대가 움직일 때는 움직임이 없는 듯하며 계획을 세울 때는 그렇게 하지 않을 듯한다.

어떻게든 자신을 가려야 합니다. 보이지 않게 무로 만들어야 합니다. 그래야 나의 허실이 드러나지 않고 적을 교란시켜 전투가 시작되기도 전에 주도권을 쥐고 싸울 수 있습니다. 기정이 조화되어야 세가 만들어지듯 무해야 세가 만들어집니다.

병가에서 강조한 무는 동양 미학의 세계로 전이되어 숨김과 절제, 여백, 은유와 상징의 미학으로도 발전합니다. 무·은폐와 엄폐·숨김, 이에 기초한 힘과 이 힘으로 만들어지는 세에 대해서는 노자를 이야기할 때, 그리고 예술 작품을 이야기할 때 더 자세히 다루도록 하겠습니다.

⑧

정
신
력

사기와 기세

세를 생명력, 힘 또는 기운이라고 할 수 있을 겁니다. 기운은 또 기氣라고도 할 수 있지요. 세는 기, 기운, 에너지라 할 수 있는데요. 그런데 이는 단순히 물리적인 힘만을 말하는 게 아닙니다. 정신적인 힘을 말할 때도 있습니다.

 세가 들어가는 말 가운데 우리가 가장 많이 쓰는 말로 기세氣勢가 있습니다. 기세는 사람과 사람이 모인 집단의 정신적 기운이 강할 때 두드러지는 것이지요. 이를 두고 '사기士氣가 올랐다'라고 말합니다. 세에는 이런 '사기'의 뜻도 있다는 걸 기억해야겠습니다.

정신적인 힘, 사기. 집단이 가지는 정신력과 기분의 고양된 상태. 그런 의미의 세도 역시 병법에서 비롯되었습니다. 군대는 사기를 먹고 사는 집단이라고 하지 않습니까? 유형적인 전력도 중요하지만 정신력과 투지 역시 승패를 가르는 데 있어 중요한 요소입니다. 손자와 손빈, 손자의 라이벌 오자도 모두 정신적 힘으로서의 세를 이야기했습니다.

자, 앞서 세에서 조건과 상황을 잘 인식하는 것이 중요하다고 이야기했습니다. 병사들의 정신적 상태, 심리적인 상태 역시 조건과 상황입니다. 싸우는 데 있어 최대한 유리하게 작용하도록 병사들의 상태를 잘 관리해야 할 것입니다. 그것도 역시 전쟁터의 조건이고 병사들의 전투 조건이니까요. 그래서 장수는 늘 병사들의 사기, 기세, 정신적 힘인 세를 만들고 키우려고 애써야 합니다. 이러한 정신력으로서의 세가 강해야 병사들이 잘 싸우고 아군이 승리할 수 있을 것입니다.

세란 병사의 사기를 북돋아 싸우게 하는 것이다. 勢者 所以令士必鬪也. 적의 대규모 군대라도 기세를 꺾을 수 있고, 적의 장군이라도 의지를 꺾을 수 있다. 아침의 기세는 날카롭지만, 낮의 기세는 게을러지고, 저녁의 기세는 돌아갈 생각만 하는 것이다. 三軍可奪氣, 將軍可奪

心. 是故朝氣銳, 晝氣惰, 暮氣歸.

그러므로 군대를 잘 운용하는 장군은 기세가 대등한 군대와는 정면 승부를 피하고, 적의 기세가 쇠약해지고 느슨해졌을 때 공격한다. 이것이 사기를 장악하는 것이다. 故善用兵者, 避其銳氣, 擊其惰歸. 此治氣者也.

_《손자병법》〈군쟁軍爭〉

정신적 조건, 중요합니다. 기세, 사기가 살아 있어야 이기지요. 정신적 의미로서의 세는 손자 말고도 많은 병법가가 논했습니다. 사실 현대전에서는 정신적 요소가 조금 경시되는 경향이 있습니다. 하지만 절대 가볍게 여겨서는 안 되는 것이지요. 무형적 요소지만 승패의 향방을 가르는 조건이 될 수 있습니다. 양측의 전력이 엇비슷하고 상당 기간 치고받은 상태라면 상대의 패와 장단점에 대해 서로 알고 있기 때문에 각자 가진 전술적 효용성이 한계에 이르게 됩니다. 이때는 사기, 기세, 정신력으로서의 세가 승부를 결정짓습니다. 투지, 뚝심, 단결력, 필승 의지로서의 세가 더 중요해지는 것이지요.

식사와 주거

필승 의지, 사기, 기세로서의 세는 무엇으로 형성되고 확장될까요? 이는 장수에 대한 신뢰, 조직에 대한 신뢰로 생기는 것 같습니다. 노력에 상응하는 보상이 온다는 믿음이 조직 구성원에게 있고, 상벌과 인사 조치가 청백하게 행해지고, 군대 경영을 잘해 살림살이가 제대로 돌아가야 합니다. 그래야 군대 조직원들에게 투지, 단결심, 기세, 사기로서의 세가 조성되는 것입니다. 특히 중요한 것이 식사와 주거입니다. 군의 리더는 병사들을 먹이고 입히고 재우는 데 노력해야지요. 전투 상황이 아무리 긴박하더라도 늘 군인들을 재충전시켜야 싸울 수 있습니다. 전쟁이란 상황에서는 늘 험악한 환경에 처하게 되고 특히 야전은 더 고통스럽고 열악할 수밖에 없지만 병사들의 먹고 자는 문제에 장수가 최대한 노력을 기울여야 합니다. 그리고 환경이 열악하고 고통스럽기에 더욱 인간의 기본적 욕구가 강해진다는 점도 생각해야지요. 그게 전쟁터의 현실이고 조건입니다. 그렇기에 더욱 군대의 살림살이에 신경을 쓰고 먹고 자는 것이 제대로 충족되도록 군대의 간부가 노력해야 합니다. 이에 관해 오자가 말했습니다.

무릇 군을 현장에서 부리는 방법은 전진과 정지의 원칙을 어기지 않고 식사의 때를 놓치지 않으며 사람과 말을 지치지 않게 하는 데 있다. 이 세 가지 원칙을 준수해야 장수의 위엄이 세워진다. 위엄이 바로 서야 잘 단결된 군대가 만들어진다. 만약 전진과 정지에서 무질서하고 식사 시간이 부적절하며 사람과 말이 피로해도 쉬지 못한다면 장수의 위엄과 명령도 서지 않는다. 장수의 명령이 서지 않으면 그 부대는 평소에도 혼란하고 싸우면 패배한다.[6]

_《오자병법吳子兵法》〈치병治兵〉

식사 때를 놓치지 말라고 합니다. 휴식 시간을 꼭 확보해두라고 합니다. 재충전할 수 있는 여건을 잘 만들어야 병사들이 장수를 믿고 싸울 수 있게 된다는 것이죠. 승리에서 중요한 조건인 정신적 의미의 세가 만들어진다는 것입니다.

병사들은 늘 리더의 내면과 진심을 보고 있는 존재들입니다. 먹고 자는 것이 풍족하고 편할 수는 없어도 조금이라도 더 잘 먹고 잘 자도록 장수와 리더가 노력하는 모습을 보일 때 정신적 의미에서의 세가 생기는 것입니다.

주둔지의 조건

자, 앞서 주도권으로서의 세를 말하면서 땅의 조건인 지세를 잘 파악하고 활용해야 전투에서 세를 장악할 수 있고 이길 수 있다고 했습니다. 그런데 지세와 지형의 세는 전투에서만 중요한 것이 아닙니다. 군대는 싸움만 하는 조직이 아니라 먹어야 하고 자야 하고 재충전해야 하는 집단이자 커다란 유기체입니다. 그렇기에 군대가 주둔하는 곳은 집의 역할을 해야 하고 마을과 도시로서의 기능도 해야 합니다. 전쟁터에서 땅의 조건을 볼 때 나에게 유리한가 불리한가를 보는 것이 아니라 주둔하기에 좋은 곳인가 아닌가를 봐야 한다는 겁니다. 그래야 군대라는 유기체가 살아 숨 쉴 수 있고 정신적 의미에서의 세, 바로 정신력이 강해질 수 있습니다. 편히 쉴 수 없는데 정신력이 생길 수 없겠지요.

손자와 오자는 어떤 조건의 땅에서 진을 치고 주둔해야 할지 논했습니다. 그리고 《손빈병법》과 《회남자淮南子》 가운데 병법을 논한 〈병략훈兵略訓〉편에서도 어떤 조건의 땅에 군대가 주둔해야 하는지 나오지요. 좋은 땅에 주둔해 아군이 정신적 의미의 세를 얻고 싸우기 위한 내용인데요. 전쟁에서 거주와 주둔이라는 목적으로 땅의 조건을 살피려는 노력은 풍수에 크게 영향을 주었습니다. 풍수의 좌청룡, 우백호라는 말 자체가 병가에서 기원한 것이지요. 군대가 주둔할 좋은 조건의 땅을 찾으려는 노력이 사람이 거주하기에 좋은 조건의 땅을 찾는 풍수에도 커다란 영향을 끼쳤습니다.

예술 세계와 미학 세계, 풍수는 병법의 지혜에서 영향을 많이 받았지요. 뒤에서 풍수와 시, 서, 화를 다룰 때 병가의 지혜를 얼마나 많이 빌렸는지 더 살펴볼 것입니다.

우리나라 동양철학 연구는 지나치게 유가 중심이다 보니 병가 연구가 몹시 부실했습니다. 그로 인해 동양학과 동양 미학 세계에 대한 이해에서도 한계가 많았습니다. 앞으로 학계에서 병가에 관한 연구가 늘어야 할 것입니다. 병가의 지혜에 더 많이 접근할수록 다른 동양학과 미학, 예술 세계를 이해하는 지평이 넓어질 것이니까요.

9

권력과 권위

조건과 상황, 그 안에서 보이는 기미와 잠재력, 정신적 맥락에서의 힘 말고도 세에는 권세라는 뜻이 있습니다. 즉, 정치적 권위와 힘이란 의미가 있지요. 세는 권력, 권위 등 정치적 맥락에서 쓰일 때가 많습니다. 권세라는 말 말고도 정세, 판세 등은 전쟁터보다 더 무시무시한 정치의 장에서 많이들 쓰이는 말이지요. 신문 기사와 사설만 읽어보아도 충분히 알 수 있습니다. 전근대 시절이나 지금이나 동양의 정치 권력자와 정치인은 모두 자신과 자기 집단의 세를 키워 그것을 유지하는 데 전력을 다합니다.

세는 정치적 권위와 권력, 더 나아가 정치적 조건과 상황이라고 할 수 있는데 권력, 권세로서의 세도 역시 병법가들의 지혜에서 기원한 것입니다.

군주는 권세, 즉 정치적 권위와 권력을 반드시 장악해야 합니다. 그리고 궁중의 군주 못지않게 권위와 독점적인 힘을 거느려야 할 사람이 바로 장수입니다. 그래서 병법가들은 어떻게 하면 장수의 권위를 확고하게 할 것인가 고민했습니다. 장수의 권위, 장수만이 가지는 권력과 독자적인 힘. 거기에서 권세로서의 세가 만들어진 것이지요.

손자의 퍼포먼스

유세遊說란 것이 있었습니다. 춘추전국시대 재사들은 권력자 앞에 서서 재상과 장수 후보자로서 자신의 내공을 시험 받고는 했는데, 이것이 바로 유세입니다. 손자도 오나라 왕 합려 앞에서 유세를 했습니다. 이때 오나라 왕 합려는 손자를 떠볼 요량으로 당신의 병서는 모두 읽어봤는데 궁중의 궁녀들을 데리고 여기서 한번 보여줄 수 없겠느냐고 말했습니다. 손자가 가능하다고 답하고는 궁중의 궁녀들에게 기초적 군사 훈련인 제식 훈련을 시켰습니다. 궁녀들을 두 부대로 편성하고 오나라 왕 합려가 가장 총애하는 궁녀 둘에게 각각 지휘관 역할을 맡도록 했지요.

손자가 북을 치고 깃발을 들어 명을 내렸지만 궁녀들은 까르르 웃기만 하고 말을 듣지 않았습니다. 그러자 손자가 지휘관 역할을 맡은 궁녀 둘을 불러 분명히 주지시켰습니다. "약속이 분명하지 않고 명령을 거듭함이 익숙하지 않은 것은 장군의 책임이다." 세 번이나 거듭 설명하며 이해시킨 뒤 훈련을 재개했습니다. 다시 북을 치며 좌우로 움직일 것을 명했지만 궁녀들은 여전히 웃기만 하고 훈련에 따르지 않았습니다. 보다 못한 손자가 지휘관 역할을 맡긴 궁녀들을 앞으로 불러 책임을 추궁했습니다. "약속이 분명하지 못하고 명령을 거듭함이 익숙하지 못한 것은 장수인 나의 죄지만, 설명을 거듭했는데도 따르지 않는 것은 지휘관과 병사들의 죄이다." 그러면서 지휘관 역할을 맡은 후궁 둘을 죽였습니다. 오나라 왕 합려가 크게 놀라 손자를 만류했지만 손자는 듣지 않았습니다. 장수가 군주의 명을 받아 전쟁터에 나가 있는 상황에서는 군주의 명을 받들지 않는 경우가 있다고 말했습니다. 손자는 즉시 후궁 둘의 목을 베어 다른 궁녀들 앞에 내던졌습니다. 그러자 궁녀들은 잔뜩 겁에 질렸고, 다시 훈련을 시작하자 군기가 바짝 든 병사들처럼 정확하고 절도 있게 움직였습니다.

장수는 군주의 명命과 위임, 그리고 상과 벌이라는 무기를 지니고 있습니다. 장수가 가진 조건은 병사들이 가진 조건보다 훨씬 우월합니다. 그리고 그 조건은 장수에게 힘을 줍니다. 이 힘에 병사들은 굴복하지 않을 수 없습니다. 손자는 아군이 적군에 비해 항상 유리한 조건과 상황에 처하도록 장수가 온 힘을 다해야 한다고 보았는데, 병사를 다룰 때에도 우월한 조건과 상황에 자신을 둘 수 있어야 한다고 했지요. 때로는 적과 병사들을 같은 위치에 놓고 볼 수 있어야 한다는 것이 손자의 생각이었는데 내가 항상 득세한 채 적과 싸울 수 있어야 하듯이 병사들에게도 득세한 채 그들을 부리고 강제할 수 있어야 한다고 했습니다. 그러기 위해 우선은 군주의 신임과 상벌권의 장악이 있어야 하고 무서운 형벌을 내릴 수 있어야 하며 때로는 사지에 병사들을 던져두고 싸우도록 강제해야 한다고 했습니다. 그래야 장수가 세를 가져 병사들을 자신의 의지대로 부릴 수 있다고 했습니다.

한비자, '정치가 전쟁의 연장'

권력자는 힘을 가져야 합니다. 자신의 명령과 의사대로 사람을 부리고 명령을 관철시킬 수 있는 힘을 가져야지요. 그것이 권세이고 권력입니다. 거저 얻을 수 있는 것이 아니지요. 권세는 지위, 상과 벌을 내릴 수 있는 권한 같은 특정한 조건과 상황에서 나오는 것입니다. 군대 안에서 절대적인 권위를 가지는 장수처럼 권력자 특히 군주도 자신만의 배타적 힘을 가져야 하고 그래야 군주가 세를 가지는데요. 한비자가 그 군주의 세, 권세에 대해서 많이 고민했지요. 그는 군주의 세란 무엇이고 어떻게 해야 만들어지며 강화될 것인지에 대해서 사유했습니다.

독일의 클라우제비츠는 "전쟁은 정치의 연장이다"라고 말했습니다. 한비자에게는 거꾸로 '정치가 전쟁의 연장'이었습니다. 쉽게 말해 궁중 사회가 전쟁터라는 겁니다. 군주에게 신하들은 정말 무서운 적군이고요. 그럼 어찌해야겠습니까? 자신만의 우월한 조건을 만들고 자신만의 세를 가져야 할 것입니다.

특히 한비자는 군주가 가져야 할 배타적이고 정치적인 힘과 권력에 대해 집중적으로 논했습니다. 정치권력과 권위로서의 세는 사실 신도愼到라는 법가 사상가가 가장 먼저 논했습니다. 이를 한비자가 이어 받아 발전시킨 것이지요. 한비자는 세를 집중적으로 논하면서 세를 유지하고 강화하기 위한 수단으로 법法과 술術이라는 도구도 자세히 이야기했습니다. 특히 법을 중심으로 상앙商鞅과 신도, 신불해申不害의 사상을 집대성시켰습니다.

한비자는 어떤 조건과 상황을 유지하고 만들어야 군주의 힘이 생기는지 꾸준히 논했습니다. 또 어떤 경우에 그런 권세로서의 세를 잃게 되는지 이야기했고 권세를 잃으면 군주가 어떤 상황에 놓이는지 거듭 경고했습니다. 군주의 세는 군주의 도덕성이나 지혜에 달린 것이 아니라 법과 술이라는 통치술 특히 법에 의해 형성된다고 보았습니다. 덕과 인의를 요구한 공자, 맹자, 순자와 달리 그는 군주에게 법을 요구했습니다. 법이 군주의 세를 만들어 군주의 통치를 안정시킬 수 있다고 했습니다. 여기서 한비자의 법은 벌뿐 아니라 상도 포괄하는 개념입니다. 상과 벌을 겸하는 법이 군주만의 권력과 위엄을 만든다는 것이 한비자가 말하는 세입니다. 이는 단순히 군주의 권세 정도가 아니라 군주의 정치적 영향력을 아우르는 개념이지요. 사실 한비자의 텍스트를 일관하는 문제의식은 법이 아니라 세입니다. 법은 어디까지나 세를 위한 수단이었을 뿐입니다. 한비자에게 가장 중요한 것은 군주의 세였습니다. 군주의 권세, 권력, 권위, 영향력으로서의 세를 가장 중시했지요.

한비자처럼 세에 천착한 사상가는 없지만 권세, 정치적 힘으로서의 세는 동아시아 역사에서 권력자들과 주변인들의 행적을 읽는 데 있어서 잊지 말아야 할 개념입니다. 군주와 권력자 그리고 그들을 보좌하는 사람들은 항상 정치적 힘을 어떻게 유지하고 강화할 것인가 고민했고 이를 바탕으로 역사적 행적과 결단을 만들

어왔습니다. 세를 이해하는 데에 있어 정치적 힘, 권력과 권위는
잊지 말아야 할 개념입니다.

3장

─

세의 철학

10

세가 전제하는 세계관

손자와 세 1

모든 것은 **변화한다**

> 병가의 승리 방법은 미리 전해줄 수 없는 것이다. 兵家之勝, 不可先傳也.
>
> _《손자병법》〈시계〉

손자가 〈시계〉편에서 한 말입니다. 병가의 승리 방법은 사전에 제시할 수 없다는데 그것은 무슨 의미일까요? 손자의 생각은 이 겁니다. 이기는 방법과 전술은 공식화, 법칙화, 정형화하여 전하거나 가르칠 수 없다는 것입니다.

이 말을 하기에 앞서 손자가 이런 말을 했습니다.

적이 견실한 경우는 대비하고 적이 강한 경우에는 회피하라. 적을 화나게 해 교란하고 비굴하게 보여 적이 나를 깔보도록 한다. 적이 편안하면 피곤하게 만들고 적이 잘 단결되어 있으면 이간한다. 적의 대비가 없는 곳을 찾아 공격하고 적이 예기치 못한 곳을 골라 나아간다. 實而備之, 強而避之, 怒而撓之, 卑而驕之, 佚而勞之, 親而離之. 攻其無備, 出其不意.

_《손자병법》〈시계〉

손자는 적의 전력이 충실한 경우에는 대비하고 적의 전력이 강한 경우에는 피하라고 합니다. 적이 편안한 상태라면 피곤하게 만들고 단합이 되어 있으면 이간책을 모색하라고 합니다. 적의 조건과 상황은 늘 변합니다. 고정되어 있지 않습니다. 그럼 어찌해야겠습니까. 그때그때 적이 놓여 있는 조건과 상황이 다르니 늘 변화된 방법과 전술로 싸우려고 해야겠지요. 대비가 안 되어 있는 곳을 찾아 공격하라고 했는데 적의 대비, 준비는 변할 수밖에 없는 것이고 예기치 못한 곳을 골라 나아가라고 했는데 적이 예상치 못한 시점이나 지점 역시 조건과 상황에 따라 달라질 수 있는 것입니다. 늘 변화하는 상황에 맞춰 전술을 짜고 방법을 찾아야 합니다. 전쟁이란 게 그렇습니다.

한번 승리한 것은 다시 반복되지 않으니 형세에 맞추어 무한히 변할 수 있어야 한다. 戰勝不復, 而應形於無窮.

_《손자병법》〈허실〉

손자는 전승불복戰勝不復을 말했습니다. 한번 이긴 승리의 방식으로는 다시 이길 수 없다는 뜻입니다. 그의 후계자 손빈은 승불가일勝不可一을 이야기했습니다. 승리의 원칙은 하나가 될 수 없다, 즉 하나의 원칙으로는 절대 싸워선 안 된다고 못 박았습니다. 하나의 전술, 공식화된 전술, 고정된 전술은 진정한 전술이 될 수 없다는 것입니다. 전쟁터의 상황은 늘 변하니 그때그때 싸우는 방법을 달리 하라는 것이지요. 손자는 응형어무궁應形於無窮이라고도 했습니다. 무궁한 사태의 변화에 맞게 적응해서 방법을 찾아보라는 뜻이지요.

손자가 전제하는 것은 변화입니다. 전쟁터의 조건과 상황은 늘 변화하기에 아군과 적군의 심리 상태에 맞는 방법을 찾아야지요. 그래야 세를 만들어내고, 득세한 채 싸울 수 있을 겁니다.

이렇게 변화를 전제한 손자는 단순히 조건과 상황의 변화만을 말한 것이 아니라 상호 전화轉化의 가능성도 강조했습니다. 상호 전화라는 말이 어렵게 느껴질 수도 있을 텐데요. 쉽게 말해 사물과 사태가 반대로 변한다는 것입니다. 이로운 것이 해로운 것으로 해로운 것이 이로운 것으로, 강점이 약점으로 약점이 강점으로 변화하는 것입니다. 전쟁 중 상황을 보면 아군과 적군 가운데 어느 한쪽이 유리한 조건을 지니고 있다고 해도 끝까지 그 상황이 고정적으로 지속되는 게 아닙니다. 나에게 유리한 조건이 얼마든지 불리하게 변할 수 있고 나에게 불리한 상황이 나에게 이로운 상황으로 변할 수 있는 것입니다. 병력이 많아서 강해질 수 있고 그래서 당장은 잘 싸울 수 있지만, 비효율이 발생하고 보급에 문제가 생겨 시간이 지날수록 과부하가 일어날 수 있습니다. 이렇게 조건과 상황이 늘 반대로 변할 수 있는 곳이 전쟁터입니다. 그렇기에 장수는 더욱 조건과 상황에 주시하고 변화의 기미를 눈치 채는 데 안간힘을 써야 합니다. 병사들의 심리, 지형 조건과 기상 조건은 늘 변하는데 단순히 변하는 게 아니라 나의 약점이 강점이 되거나 내게 유리하게 작용했던 것이 불리하게 작용하면서 변화가 반대 방향으로 일어날 수도 있으니 조건과 상황을 더욱 중시해야 합니다. 부대의 유형적 전력, 준비된 병사들의 힘, 장수의 영웅적 자질보다도 상황에서 보이는 변화의 기미를 잘 읽고 변화의 흐름을 나에게 유리하게 활용할 줄 알아야 합니다. 그래야 세를 장악해 이길 수 있습니다. 세라는 것은 늘 변화를 전제하고 있는 것입니다.

그런데 변화라는 것은 손자의 세계관에서만 중심이 되는 것이 아니라 동양의 세계관 전반을 관통하고 있을 뿐더러 많은 동양 철학과 사상들이 전제하는 바입니다. 동양은 농경 문화권입니다. 춘하추동 계절이 변하고 순환하고 그에 맞춰 나도 변화하고 흐름을 타면서 생활을 영위합니다. 늘 절기에 맞게 씨를 뿌리고 김을 매고 거두고 변화의 흐름을 내 자신이 타면서 부지런을 떨어야 살 수 있지요. 변화와 그 변화에 순응하는 것은 사실 손자만이 강조하는 게 아닌데요. 늘 조건과 상황은 변하기에 나도 그에 맞게 변하며 조화를 도모해야 합니다. 우리는 늘 그렇게 살아왔습니다. 궁즉통窮則通 이라고 하지요. 궁하면 통한다고요. 사실은 궁즉변窮則變, 변즉통變則通 이지요. 궁하면 변해야 합니다. 그러면 통합니다. 그렇게 변해야 통할 수 있고 변해야 살 수 있습니다.

서양에는 이데아, 부동의 원동자原動子란 것이 있습니다. 세계를 초월해 세계에 법칙적 질서를 부여하는 초월적인 인격신이란 개념도 있고요. 이들은 변하지 않는 본질이나 실체를 찾으려고 하고 사유하려고 애씁니다. 그러나 우리는 늘 변화를 전제하기에 부동의 원동자, 이데아, 세상과 단절되어 있는 절대 신을 상상하지 않습니다. 그저 우주와 세계는 늘 변화할 뿐이라 생각했기에 그런 것들을 찾고 갈구하지 않았지요. 우주와 세상은 늘 변화하는 과정에 있고 변화를 통해 균형과 밸런스를 유지하거나 찾아가는 것이라고 보았을 뿐이지요. 모든 것은 늘 변화합니다. 그렇기에 나도 따라서 변화해야 합니다. 그러면서 조화와 균형을 이루는 우주와 세계의 부분이 되어야 합니다. 우주, 세상의 변화와 나는 서로 연관되고 나 자신을 포함해 모든 사람은 늘 변화하는 전체 세상의 부분일 뿐입니다.

우리에게 세계는 복잡다단하고 상호 연결된 채 끊임없이 상호 변화하는 유기적인 전체였습니다. 세상사, 세상의 사물 가운데 그 어느 하나도 상호 연관과 유기적인 전체의 세계에서 이탈된 것이 없었습니다. 서로 연결되어 있고 연결된 것들이 같이 변화합니다. 하나가 변화하면 다른 것들도 변화를 시작하고 그 변화는 다른 것들의 변화를 추동합니다. 우리가 보는 세상, 자연은 늘 그러하기에 우리는 사태를 볼 때 늘 존재 하나하나에 시야를 고정하여 따지고 분석하려 하지 않았습니다. 한 발, 두 발, 세 발 물러서 멀리서 바라보며 전체 속에서 최대한 많은 것을 시야에 두고 보려고 했지요. 우리는 늘 그래왔습니다.

전쟁터에 나간 장수도 마찬가지입니다. 장수도 부분만을 보려고 하면 안 됩니다. 전체를 시야에 두고 부분의 작은 변화가 다른 사태와 존재의 변화에 어떤 영향을 미칠 것인지 살펴야 합니다. 그래야 상대보다 먼저 움직이고 대비하여 나에게 유리하게 변화를 활용할 수 있습니다. 동양의 현자는 항상 상황을 전체적 연관

속에서 조망할 수 있어야 하고, 거기에서 변화의 기미를 읽을 수 있어야 합니다. 장수 역시 마찬가지입니다. 변화하는 전쟁터에서 부대낀 장수의 경험과 통찰에서 동양 현자의 지혜가 발원한 것이지요.

변화와 생존

세계는 변화한다고 했습니다. 조건과 상황이 변하고 세 또한 늘 변하기에 이를 잘 읽고 판단해야 합니다. 잘 읽고 파악하는 것도 중요하지만 변화하는 환경에 맞게 어떻게 적응하여 작전과 전술을 세울지 판단하는 것도 중요합니다. 그래야 살아남을 수 있고 실리를 꾀하고 명철보신明哲保身할 수 있으니까요.

변화를 전제로 하는 사유, 세. 그런데 세는 변화만이 아니라 생존을 전제로 하는 사유입니다. 조건과 상황에 맞게 전략과 꾀를 내어 생존과 안전을 도모해야 하는데, 이때 세 뒤에는 생존의 절박함과 명철보신을 위한 절실함이 있습니다.

손자병법의 첫 편은 이렇게 시작합니다.

전쟁은 국가의 중대사이다. 백성의 생사가 달려 잇고 국가의 존망

이 결정되는 길이니 자세히 살피지 않으면 안 된다. 孫子曰: 兵者, 國
之大事, 死生之地, 存亡之道, 不可不察也.

_《손자병법》〈시계〉

시작부터 생사와 존망을 이야기하는 《손자병법》에서는 생사
와 존망의 갈림길이 바로 전쟁이란 것이니 최대한 신중히 또 자
세히 살피고 고찰해야 한다고 했습니다. 그러면서 오사, 칠계를
말했습니다. 적과 나의 대립과 관련된 거시적 요소 다섯 가지와
미시적 요소 일곱 가지를 말했지요. 내가 있고 나와 갈등하고 대
립하는 상대가 있기에 눈앞의 갈등 상황과 관련된 요소를 총체적
으로 살필 수 있어야 합니다. 그래야 내가 죽거나 망하지 않고 살
아남을 수 있습니다. 옳고 그름을 말하거나 당위를 말하지 않습
니다. 전쟁터를 배경으로 사유한 손자는 도덕과 윤리, 규범을 말
하는 게 아니라 시작부터 생존을 말합니다. 세는 생존을 위한 것
입니다. 공자를 위시한 유가는 당위와 도덕의 관념 체계입니다.
손자로 대표되는 병가는 존망과 생존의 관념 체계인데요, 세에는
생존을 위한 욕망과 갈망이 담겨 있습니다.

생명의 기운

변화를 말했습니다. 그리고 생존에 대한 갈망을 말했습니다. 변화와 생존은 세가 전제하는 세계관인데요. 그런데 예술 세계에서도 세가 아주 중요한 것입니다. 그림도 시도 서예도 세를 얻어야 하고 그 안에서 세가 보여야 합니다. 그림과 시, 서예에 변화의 기운, 생의 기운과 에너지가 있어야지요. 변화와 생존에 대한 욕구, 갈망이 보여야 하고요. 그래야 세가 만들어지고 세를 얻었다 평합니다.

작품 안에 변화의 기운이 보이고 이 기운이 꿈틀대며 생동하는 것 같아야 합니다. 다음 장면과 풍경이 그려지고 시적 화자의 마음과 의지가 어떻게 변화해 가는지, 작가가 말하는 바가 새로운 출발점이 되고 살아 움직이는 어떤 힘이 느껴져야지요. 그래야 세를 얻어 예술적 성취를 높이 이루었다고 말합니다.

풍수도 이와 같습니다. 풍수에서 가장 중요한 것이 기가 움직이는 통로, 기의 고속도로인 용인데요. 용의 변화무쌍한 속성 때문인지 풍수에서 기와 기가 움직이는 맥을 용이라고 하고 이를 가장 중시합니다. 어떻게든 용이 살아 있어야지요. 단조로운 선을 이루어선 안 되고 꿈틀거리는 용처럼 역동적인 외형을 보여야 용이 살아 있다고 합니다. 용을 통해 생명의 원천인 기가 땅으로 공급되기에 그 땅을 명당이라고 하는데 풍수도 변화, 생명의 기운이 정말 중요합니다. 시와 서예 그리고 풍수에서 말하는 땅도 모두 변화, 생명의 기운과 힘, 그런 의미로서의 세가 만들어지고 보여야 합니다. 군대도 시도 서예도 땅도 그런 의미의 세를 가져야지요.

(11) 외적인 형태와 꼴

손자와 세 2

형

대형이 무너지지 않고 버티고 있습니다. 일사분란하게 움직입니다. 깃발이 정연하고 질서가 있습니다. 이런 상황이라면, 군대의 외형에서 어떤 기운이 보일 것입니다. 장수는 이렇게 꼴과 외형을 만들고 싸워야 합니다. 그리고 전쟁터의 상황은 늘 변하는 법이니 변화된 상황에 맞게 꼴을 변화시켜야 합니다. 그때그때 상황에 맞게 병력을 재배치시키고 이동시킬 수 있어야 하지요.

전투에서 지형과 병사들의 심리적 상태도 조건과 상황입니다,

장수는 그 조건을 잘 이용하면서 싸워야 세를 얻을 수 있을 것인데 병력의 배치와 대형, 즉 진을 치고 있는 모양새도 분명히 조건과 상황이지요. 병력의 배치와 대형이라는 조건과 상황을 갖추고 만들고 활용해야 세를 얻고 싸울 수 있습니다.

손자는 형形을 논했습니다. 형은 외형이고 꼴입니다. 형이란 병력을 배치해서 만들어지는 것이지요. 형에서 세가 나온다고 봤기에 손자는 형을 중시했는데요, 형과 세는 늘 같이 다니는 말입니다. 실제 많이들 형세, 형세 그러지 않습니까? 세는 사실 형세의 의미로 쓰일 때가 많은데 《손자병법》 제4편이 〈형形〉이지요. 거기서 형에 대해 집중적으로 논했습니다.

장수와 전략가는 전투 현장에서 군대의 모양을 만듭니다. 네모꼴로 싸울지 세모꼴로 싸울지, 전투 대형을 사전에 약속하고 거듭 훈련시키고, 현장에서 병력을 이동시키고 또 배치합니다. 그렇게 만들어낸 모양이 힘을 만들어냅니다. 그것이 바로 모양에서 만들어진 세입니다. 사물로 비유해 설명해보지요.

바위가 평지에 놓여 있습니다. 또 다른 바위가 산의 정상에 놓여 있습니다. 이 둘의 상황은 달라 보입니다. 산 정상에 놓인 바위가 내려가면 데굴데굴 굴러가면서 나무들이 다칠 것이고 경우에 따라선 적을 공격할 무기가 되기도 할 것인데, 바로 그런 겁니다. 같은 바위라도 어디에 있는지에 따라 잠재한 에너지가 다릅니다. 이번에는 활이 있습니다. 그냥 활이 있을 수 있고 시위가 팽팽히 당겨져 있는 활이 있을 수도 있습니다. 역시나 느껴지는 기운이 다를 것인데 형이란 그런 거지요. 외형과 꼴이고 모양새입니다. 인위적으로 만들어진 외형이지요. 그런데 괜히 모양새를 만들고 꼴과 외형을 만들어내는 것이 아닙니다. 강한 힘을 발휘하고 기운을 쓰도록, 세를 만들기 위해서입니다. 활시위를 당겨서 팽팽하게 하면 강한 힘이 느껴지고 바위를 산 정상에 올려놓으면 역시 큰 에너지가 느껴질 것인데 그런 힘, 즉 세를 만들기 위해 형을 만들어내는 것입니다.

적과 싸울 때에는 군대를 배치하고 또 상황에 맞게 재배치합니다. 그렇게 해서 외형을 만든 뒤 싸우게 합니다. 병력을 이동시키고 사전에 이런저런 대형을 연습시키고 여러 진법을 훈련시킵니다. 사전에 약속한 대로, 훈련받은 대로 병사들은 위치에 서고 장수가 보내는 신호와 통제에 따라 움직이고 배치됩니다. 그렇게 움직이고 꼴을 만들어 세를 만들어내는 것이지요. 보병들이 간격을 맞추고 밀집한 채 버티고 있고 훈련받은 진형과 편제대로 움직이는 것처럼 외적인 형태를 만들어 군대의 기운을 만들어내는 것이지요.

세에 의지하는 자는 통나무나 돌을 굴리는 것처럼 병사를 조련하여 싸우게 한다. 통나무와 돌은 안정된 곳에 두면 가만히 있지만 기울어진 곳에 두면 움직인다. 모난 것은 멈추어 있지만 둥근 것은 움직인다. 그러므로 병사를 움직여 잘 싸우게 하는 것은 마치 둥근 돌을 천 길 높은 산에서 굴리는 것과 같으니, 이것을 세라고 한다. 任勢者, 其戰人也, 如轉木石, 木石之性, 安則靜, 危則動, 方則止, 圓則行. 故善戰人之勢, 如轉圓石于千仞之山者, 勢也.

_《손자병법》〈세〉

    같은 힘을 가진 동일한 숫자의 병력이더라도 어떻게 배치하고 이동시키고 대형을 이루느냐에 따라 집단으로서 군대가 갖는 힘이 다를 것입니다. 외적인 형태와 꼴, 그렇게 단순히 눈으로 보이는 그런 형태와 꼴이 형이라면 그런 형이 만들어내는 힘이 세인데요. 이 역시 손자가 논하기 시작한 사유입니다. 형세라는 말은 손자 덕에 만들어진 것이지요. 그리고 풍수에서 이를 이어 받아 발전시켰습니다. 풍수를 보면 복호형, 행주형, 장군대좌형 등 무슨 무슨 형이 많이 나오는데, 이는 땅의 모양을 보고 형을 판단하는 것입니다. 그리고 나서 길지인지 흉지인지 이 땅에서 어떤 인물들이 나오고 이 땅에 사는 사람들이 조심해야 할 것이 무엇인지 판단합니다. 풍수에서 말하는 형은 본래 군사에서 나온 겁니다. 역시나 병가의 지혜에 크게 빚진 것이지요. 관상도 사람 외형을 보고 사람의 운명과 기운을 판단하는 것인데 형과 세란 범주 안에 들어갈 수 있습니다. 표범형 관상, 사자형 관상 등을 가지고 얼굴을 논할 때가 많은데 관상 역시 형세입니다.

진법

앞서 귀세자 손빈은 10진十陣을 논했습니다. 열 가지 진을 가지고 군사들이 싸울 수 있게 훈련시켜야 한다고 주장했는데 이는 열 가지 형을 말했던 겁니다.

① 방진方陣 사각형 진형.

② 원진圓陣 원형 진형.

③ 소진疏陣 분산 진형.

④ 수진數陣 밀집 진형.

⑤ 추행진錐行陣 앞부분이 송곳 같은 진형.

⑥ 안행진雁行陣 가로로 펼친 진형.

⑦ 구행진鉤行陣 좌우 양 날개가 낚시 바늘의 고리처럼 굽은 진형.

⑧ 현양진玄襄陣 적을 속이는 의진疑陳.

⑨ 화진火陣 화공을 위한 진형.

⑩ 수진水陣 수공을 위한 진형.

전쟁터의 상황은 늘 변하니 상황에 맞게 병력을 배치하고 이동시키고, 모양을 달리해서 싸워야겠지요. 그래서 손빈은 이렇게 열 가지 진법을 열거했고 각각의 진법이 가진 기능과 활용하는 요령에 대해 설명했습니다. 상황에 따라 형을 변화시키고 새로 만들어야 합니다. 그래야 내가 힘을 얻을 수 있고 세를 만들어 싸울 수 있지요. 형이 있어야 세가 만들어지고 형이 변할 수 있어야 세가 살아 있을 수 있습니다. 이렇게 형과 세는 함께 갑니다.

병형상수 상선약수

병력의 배치는 물을 닮아야 한다. 물이 높은 곳에서 낮은 곳으로 흐르듯 병력 배치도 견실한 곳을 피하여 허약한 곳을 노린다. 물이 지형에 따라 가는 곳을 제어하듯 전쟁도 적에 따라 승리를 제어한다. 그러므로 일정한 형태가 없어야 하니 마치 물에 일정한 형태가 없는 것과 같다. 적에 따라 변화하여 승리를 얻을 수 있는 자는 '신神'이라 부른다. 그러므로 오행에 항상 이기는 것은 없으며 사계절은 항상 제자리에 있지 않다. 해에는 길고 짧음이 있으며 달에는 차고

기움이 있다.[7]

_《손자병법》〈허실〉

손자가 병형상수兵形象水를 말했습니다. 노자의 상선약수上善若
水가 여기에 영향을 받은 것이지요. 무릇 병력의 배치는 물을 닮
게 해야 한다, 물과 같이 해야 한다는 겁니다. 병兵을 형形하는
것, 즉 병력의 모양을 만들고 병력을 배치시켜 꼴을 만드는 것은
물과 같아야 한다고 말한 것인데요. 손빈이 왜 10진을 말했는지
생각하면 쉽게 이해할 수 있습니다. 세는 변화를 전제로 하고 있
습니다. 상황에 맞게 조건에 맞게 병력을 재배치해야지요. 용병
술은 유연해야 합니다. 물이 지형에 맞추어 흘러가는 형태를 늘
달리하듯 조건에 맞게 내가 변해야지요. 달리하고 흐름을 만들어
내야 하기에 물처럼 유연하게 변해야 합니다. 그래야 세를 얻을
수 있습니다.

세와 물

물은 유연하지요. 고정된 모양을 고집하지 않고 늘 움직임과 형
태를 달리합니다. 또 물은 생명력을 상징합니다. 회화에서는 그

래서 물이 중요합니다. 계곡과 바다, 강이 잘 표현되어야 그림에 생명력이 생깁니다. 그리고 풍수에는 득수법이라는 것이 있습니다. 물로 좋은 땅과 입지조건을 따집니다. 물이 있어야 사람이 살 수 있는 땅이니까요. 물처럼 유연하게 변할 수 있고 물과 같은 생명력이 있어야 세를 얻을 수 있는데, 정말 상선약수입니다. 물이 있어야 하고 물과 같아야 하지요.

풍수에서 용龍은 곧 세라고 할 수 있습니다. 용은 원래 수신으로 숭배된 상상의 동물이었지요. 물을 관장하고 비를 내려주는 수신, 그래서 대지에 생명의 기운을 전달해 주는 신성한 동물로 숭배되었지요. 그 용이 풍수에서 세이고 또 회화에서도 세인데 용이 있어야 물이 있고 생명의 기운이 생기고 넘칩니다. 그러니 용이 세 그 자체인 것은 어쩌면 당연한 일 아닐까요?

전략적 사고

손자와 세 3

승불가일. 손빈이 말한 대로 고정된 방법과 전략, 전술이 아니라 상황에 맞는 새로운 방식으로 싸울 수 있어야 합니다. 원칙과 법칙 모델을 정해 놓고 거기에 집착하면 안 됩니다. 늘 변화하는 전쟁터에서 항상 승리하는 방정식과 공식은 있을 수 없지요. 공식화와 법칙화, 모델화에 대한 거부. 세는 이런 세계관을 전제로 하고 있는데 이것은 동양 사상 전반에 깔린 세계관이라고 할 수 있습니다. 우리는 공식화, 모델화에 서툽니다. 법과 사회적 합의에 대한 절대 준수와 고수, 그런 것과는 잘 맞지 않고, 사전에 정해진 공식, 규범, 틀과 합의를 절대적으로 신봉하고 따라가는 것과도 맞지 않죠. 융통성 있게 맞춰가고 적당히 처리하고 넘어가려고 합니다.

서양은 다릅니다. 선험적으로 뭔가 정하기를 좋아합니다. 신의 섭리와 말씀, 공식, 사회계약, 일반의지……. 그것을 바탕으로 현실을 다시 만들어나가려고 하지요. 그 모델을 검증해 보려고도 하고 틀리면 바로 수정해서 새로운 공식 모델을 만들어내려고 하지요. 또 그것이 어느 정도 굳어지면 절대적으로 신봉하고 따릅니다. 하지만 전쟁에서 그런 방식의 접근과 실행은 아무런 도움이 되질 않습니다. 무수히 많은 변수와 우연이 발생합니다. 무엇보다 내가 있고 상대가 있습니다. 나와 상대가 많은 변수를 등지고 맞붙는데 공식화 시켜놓은 법칙과 모델을 가지고 싸울 수 있겠습니까? 아무리 정교한 전략과 전술을 세워놓더라도 전투 현장에 그대로 적용할 수 없을 것입니다. 전쟁터는 공식화, 모델화가 통할 수 없는 영역입니다. 그들의 주특기가 공식화와 모델화지만 애석하게도 전쟁은 그들의 주특기가 힘을 발휘할 수 없지요.

그래서인지 기원전부터 병법서를 남긴 우리와 다르게 그들은 병법서를 남기지 못했습니다. 전쟁에 대한 이론과 지혜보다는 영웅주의를 강조하게 되었지요. 사전에 예측할 수 없는 것들, 모델화의 틀 안에 넣어 놓고 사고할 수 없었던 돌발 변수들을 영웅들의 기개와 헌신으로 돌파하길 바랐기 때문입니다. 그러다 보니 영웅서사시가 발달한 듯싶은데 우리 동양은 영웅서사시가 없습니다. 영웅과 영웅주의가 필요 없기 때문이지요. 상황에 맞게 유연하게 변해가면서 전략 전술을 수정하면 그만인데 영웅이 필요할리가요. 우리는 세를 읽고 만들어갈 줄 아는 전략가만 있으면 됩니다. 《손자병법》부터가 영웅을 부정하고 전략가를 요구하는 내용입니다. 《손자병법》은 도입부부터 전략가가 해야 할 일을 이야기했습니다. 그것이 바로 계입니다. 앞서 오사, 칠계를 말하며 계를 조금 언급했는데 손자가 말하는 전략가, 세가 요구하는 전략가의 임무와 덕목이 뭔지 확실히 알기 위해 설명을 더 상세히 해보겠습니다.

계

전쟁을 치루기 전 이해타산이 필요합니다. 계획을 세우는 게 아닙니다. 손자는 다섯 가지 거시적 항목인 오사와 일곱 가지 미시적 항목인 칠계로 전투를 치루기 전 총체적으로 점검해볼 것들을 제시했습니다.

계라는 작업을 수행하면서 적이 가진 조건과 내가 가진 조건들을 모두 살펴봅니다. 즉, 아군의 세와 적군의 세를 헤아리고 가늠해 보는 거지요. 그런 뒤에 전략과 전술을 세워야 합니다. 하지만 반드시 준수해야 할 필승의 원칙을 세우는 게 아닙니다. 어떻게 하면 조건과 상황을 최대한 아군에게 유리하게 조성한 상태에서 시작해볼까, 또 전쟁과 관련된 요인들을 계속 나에게 유리하게 작용시킬까 고민하는 거지요. 장군과 전략가가 할 일은 적과 실제로 맞서 싸우기 전에 미리 모든 상황을 나에게 유리한 방향으로 이끄는 것이 전부입니다. 계를 통해 조건과 상황을 헤아리고 조건과 상황이 나에게 유리하게 전개되도록 암중모색하면서 손을 써야 하는데 이는 영웅이 아닌 전략가의 임무지요.

  전략은 전쟁 전에만 세우는 것이 아닙니다. 전쟁이 시작되고 전투가 발발한 이후에도 전쟁과 관련된 조건들을 늘 제대로 파악하고 그것들이 나에게 유리하게 작동하도록 계속 노력해야 합니다. 그래야 세를 장악하고, 우세한 공세의 위치에서 싸울 수 있으니까요. 그런 사람이 진정한 전략가입니다. 그렇게 상황을 은밀하면서도 적극적으로 만들어가려는 것이 전략적 사고이고요. 사실 병가의 세는 전략적 사고로 귀결되는데요. 전략적 사고가 뭘까요? 조건과 상황을 늘 장악하고 그것들을 나에게 유리하게 만들어가려는 정신적 활동이 바로 전략적 사고입니다. 세를 처음으로 말했고 역설한 손자의 생각은 전략적 사고로 귀결됩니다. 손자는 최고의 전략은 '싸우지 않고도 이기게 해주는 전략'이라고 했지요.

선전자의 부전승

전략적 사고를 잘하는 사람, 이를 통해 항상 세를 장악해 전쟁에서 승리하는 사람. 그런 사람을 손자는 선전자善戰者라 표현했습니다. 정말로 전쟁을 잘하는 최상의 전략가, 이상적인 장수, 병법가라는 뜻인데요. 선전자의 군대는 이렇습니다.

> 승리하는 군대는 미리 승리를 구하고 이후에 전투에 임하며 반대로
> 패배하는 군대는 먼저 싸움을 걸고 이기려고 한다. 勝兵先勝 而後求
> 戰, 敗兵先戰 而後求勝.
>
> _《손자병법》〈군형 軍形〉

선전자가 이끄는 군대는 싸움을 시작한 다음에 이기려고 하는게 아니라, 적이 질 수밖에 없는 상황을 만든 뒤 전쟁을 시작합니다. 전쟁을 시작하기 전 나에게 불리한 조건과 요소는 최소화하고 나에게 유리한 조건과 요소는 최대화해야 합니다. 전투가 단순히 승리를 확인하는 과정이 되도록 치밀하게 준비해야 한다는

것인데요. 손자는 "전쟁을 잘하는 자는 절대 자신이 패배하지 않을 위치에 선 뒤에야 적과 싸운다善戰者 立于不敗之地 而不失敵之敗也", "백전백승은 최선의 용병술이 아니다. 싸우지 않고 적군을 굴복시키는 것이 최선의 용병술이다"라고 했습니다.

무슨 말일까요. 싸우지 않고 이기는 것이 최선이라고 하는데 말입니다. 손자가 평화주의자여서 저런 말을 했을까요? 절대 아니지요. 병가의 종사인데 그럴 리가 있겠습니까? 도덕에 대한 관심도 아닐 것이고요. 그리고 정말 싸우지 않고 이길 수 있을까요? 말처럼 쉽지 않고 아주 어려울 텐데 말입니다.

싸우지 않고도 이기는 것은 싸우지 말고 투쟁하지 말라는 얘기가 아닙니다. 지금껏 말한 대로 본격적으로 맞대결을 펼치기 전에 조건과 상황을, 즉 세를 나에게 최대한 유리하게 만들어놓으려 노력하라는 것이지요. 싸우지 않고 이기는 것, 다른 말로 부전승인데 손자는 부전승을 위해서 벌모와 벌교를 말했습니다.

최상의 전쟁은 적의 계책을 공격하는 것이고, 그다음은 적의 외교를 공격하는 것이다. 그다음이 적의 병력을 공격하는 것이고, 최하책은 적의 성을 공격하는 것이다. 上兵伐謀 其次伐交. 其次伐兵 其下攻城.

_《손자병법》〈작전 作戰〉

상병벌모上兵伐謀. 적의 계책과 책략을 공격하는 것이 벌모伐謀인데요. 먼저 지혜를 겨루라는 것이지요. 창칼이 아니라 계책과 모략, 책략으로 먼저 싸우라는 것입니다. 적의 의도, 노림수를 근본적으로 좌절시키는 것입니다. 적국의 의도와 허실, 채택 가능한 전략을 예측하고, 그 전략의 실행 조건도 파악해두어야 합니다. 그리고 반드시 사전에 제거합니다. 직접 싸우는 것은 아니지만 매우 적극적으로 움직여 조건과 상황을 최대한 나에게 유리하게 만드는 작업입니다. 그런 뒤에 상대가 분명히 알게 하는 것이지요. '내가 너희들의 군사적 역량과 허실, 패를 꿰뚫어보고 있고 너희들의 카드와 패가 현실화되지 못하도록 무력화할 수 있는 방안을 강구해 놓았다. 또 우리는 또 이만큼 준비된 역량과 힘이 있다.' 이렇게 적에게 분명히 알리는 겁니다. 그러면서 전쟁을 포기하고 적당히 양보하라고 압박합니다. 상대가 전쟁을 포기하도록 하는 것인데 적이 적당히 양보하면 나는 싸우지 않고도 이기는 것이죠. 이렇게 지혜로 이긴 다음 상대를 압박해 양보를 받아내는 것입니다. 가장 중요한 것은 상대의 작전과 노림수가 실행될 수 있는 전제 조건을 무력화하는 것입니다. 이렇게 세를 나에게 유리하게 조성해 놓아야 상대의 양보를 얻어내고 내 뜻을 관철시켜 싸우지 않고 이길 수 있습니다.

벌모 말고 벌교伐交도 있습니다. 이 역시 부전승을 위한 것입니다. 계책과 지혜로 힘을 겨루었지만 승부가 나지 않았다면 외교전을 전개해야 합니다. 이것도 역시 조건과 상황입니다. 국제 정세라는 조건과 상황을 읽고 활용해야 하고 적의 외교적 역량과 적의 국제 정치 관계라는 조건을 분명히 파악해야 합니다. 그런 뒤에 적의 외교적 조건을 악화시키고 반대로 나의 외교적 조건을 최대한 좋게 만들어야 하는데, 쉽게 말해 나의 친구를 많이 만들고 적을 고립시키라는 것입니다. 내 우방을 많이 만들려고 애쓰고 적의 적국을 포섭하고 특히 적 후방의 국가를 내 편으로 만들어 적이 배후가 걱정되어 함부로 군사를 일으키지 못하게 합니다. 그러면 이미 싸우기 전도 전에 나는 득세하고 이길 수 있습니다. 그것이 바로 벌교입니다. 외교를 통해 세를 만들고 조성하는 거지요. 그러면 벌모처럼 싸우지 않고 역시 이길 수 있습니다. 이렇게 부전승을 위해서는 벌모와 벌교를 잘해야 하는데, 둘 다 세를 잘 읽고 조성해야 하는 게 핵심이지요. 전략가가 세를 장악해야 부전승할 수 있습니다.

사실 《손자병법》은 세를 어떻게 읽고 어떻게 조성할 것인지에 대해 조언한 책이라 할 수 있는데요. 불가의 연기 사상, 색즉시공 공즉시색色即是空空即是色을 말한 불교 경전 《반야심경般若心經》을 공空이라는 단어로 압축해 말할 수 있듯이 《손자병법》은 '세'라는 한 단어로 압축해서 설명할 수 있습니다.

⑬

영웅과 현자

장량과 항우

흔히 초한 楚漢전을 유방과 항우의 싸움이라 알고 있지만 실제로는 장량이라는 현자이자 전략가와 항우라는 영웅의 싸움이 아니었나 싶습니다. 이러한 관점에서 《초한지 楚漢志》를 읽으면 동양에서 그렇게도 강조하는 세란 무엇인지 그리고 왜 동양에는 영웅서사시란 게 없는지 이해할 수 있을 것입니다. 또 동서양의 문화 차이나 전쟁관의 차이도 볼 수 있습니다.

한고조 유방을 도와 분할된 중국을 다시 통일한 전략가 장량 張良. 기원전 205년 유방은 상산왕 장이 張耳, 하남왕 신양 申陽, 위왕 위표魏豹, 은왕 사마앙司馬卬이 차례로 투항하자 이 여세를 몰아 초의 팽성彭城(현재 쉬저우徐州 지역)을 집중 공략하여 함락시켰지요. 유방은 팽성을 얻자, 과거를 잊고 방심한 나머지 주색과 재물에 탐닉할 뿐 정치를 바로 세우고 경제를 부흥시켜 민심을 수습할 생각을 하지 않았습니다. 이때 항우의 반격이 시작되었습니다. 제나라와 싸우던 항우는 팽성이 무너졌다는 소식을 듣자마자 새벽에 휘하 3만 정예병을 이끌고 우회하여 유방을 급습했습니다. 이때 한나라는 유방이 겨우 자기 몸 하나만 건져 줄행랑칠 정도로 대패했습니다. 수레에서 아들을 밀쳐내고 달아날 정도였지요. 이렇게 항우가 다시 전세를 역전시켰습니다.

수세에 몰린 유방에게 장량은 묘계를 전달했지요. "구강왕 영포는 초나라의 맹장입니다. 그런데 지금 항우와 틈이 벌어져 있습니다. 팽성 싸움에서 항우가 도움을 요청했지만 영포는 움직이지 않았고 항우의 원한이 깊어진 상황입니다. 그리고 팽월은 항우가 분봉할 때 작위를 받지 못하여 항우에게 불만이 있는 상태입니다. 또한 전영이 항우에게 반기를 들었을 때 팽월에게 연락을 했고 이로 인해 항우가 그를 토벌하려 했으나 성공하지 못했습니다. 이 두 사람은 쓸 만합니다. 그리고 대왕의 휘하에는 오직 한신만이 믿을 만한 인물입니다. 만약 이 세 사람을 함께 쓸 수 있다면 항우를 도모할 수 있을 것입니다."

이른바 하읍지모下邑之謨. 1대 1로 항우와 맞설 것이 아니라 군웅들을 포섭해 압박하자는 장량의 모략. 유방은 그 모략을 받아들였습니다. 장량의 계책 그대로 수하를 보내 영포를 설득해 항우를 배신하도록 했고 팽월에게 항우의 후방을 공격해 보급선을 무너뜨리도록 종용했습니다. 위왕 위표는 한신을 보내 치도록 했고 그 기세를 몰아 연나라, 대나라, 조나라 북쪽과 동쪽을 모두 평정했는데 사마천은 초나라를 쳐부순 건 영포·팽월·한신, 이 세 영웅들의 공이라고 했습니다.

팽월과 영포, 그들도 군웅이었습니다. 사실 엄밀히 말하면 진나라가 멸망한 뒤 군웅들이 거병할 당시에 유방보다 낮은 위치가 아니었지요. 둘 다 자신의 세력을 거느린 제후들이었고 당대의 걸출한 군벌들이었습니다. 군이 따지자면 유방은 이러한 제후들과 연합 정부를 맺고 라이벌인 항우를 제거한 뒤 이 제후들을 각개 격파한 셈인데 모두 장량이 제시한 전략대로 이루어진 일입니다. 장량의 활약은 이외에도 많은데요. 장시간의 대치로 지친 항우와 홍구鴻溝를 경계로 휴전을 하고 군사를 물릴 때 항우를 뒤에서 치도록 한 적도 있지요. 그리고 이 마지막 전투에서 한신과 팽월이 미적거리자 유방을 종용해 전쟁이 끝나면 초나라 땅을 모두 나누어주겠노라고 그들에게 약속했습니다. 그들이 적극적으로 싸우도록 유도한 것이지요. 그리고 항우의 군사가 포위되었을 때에 한나라 군대로 하여금 초나라 노래를 합창하게 해 초나라 병사들과 항우 모두 전의를 상실하게 했던 사면초가四面楚歌 작전도 모두 장량이 만들어낸 책략이었습니다.

사마천은 "장막 안에서 펼쳐진 장량의 형체 없는 계략이 승리를 만들어냈다"라며 장량을 칭찬했습니다. 장량은 직접 나가 군사들을 독려하거나 창칼을 휘두르면서 싸우지 않았지만 기가 막힌 전략들을 짜내어 늘 유방의 군대를 승리로 이끌었습니다. 유방의 군대는 전투에서 자주 패했지만 전략적으로 우세함을 잃어본 적이 없었습니다. 장량 덕분이었지요. 상대 군주인 항우와 신하들 사이를 교란시켜 불만 있는 28인을 포섭하여 항우 진영의 영포英布가 배신하도록 유도했습니다. 또 항우의 적이 될 수 있는 다른 군웅이나 세력과의 연합을 꾀했는데, 실제 팽월彭越을 포섭해 그가 계속 항우의 후방을 괴롭히게 했습니다.

그렇다고 장량을 영웅이라 할 수 있을까요? 영웅은 사실 항우일 겁니다. 장량은 전략가일 뿐입니다. 하지만 결국 한나라가 승리했고 항우의 초나라는 패하고 말았습니다. 영웅은 전략가의 상대가 될 수 없었고 장량의 한나라가 천하의 주인공이 되었습니다. 늘 조건과 상황을 유리하게 만들 줄 아는 전략가의 지혜와 꾀 앞에 영웅의 무력과 용기는 아무 소용없었습니다. 영웅은 전투에서만 힘을 쓸 뿐 결국 전쟁은 전략가의 손아귀에 있는 것이었지요.

상옥추제

타고난 용기, 영웅적 자질은 중요하지 않습니다. 조건과 상황이 있을 뿐입니다. 세를 잘 활용하고 만들어가야 할 뿐입니다. 사실 용기와 투지도 타고나는 것이 아닙니다. 비범한 용기와 영웅적 자질을 타고난 영웅과 전사들은 서양에서나 있을 법한 이야기입니다. 전쟁에서의 용기와 비겁함도 세가 만들어내는 것이고 세의 귀결일 뿐입니다. 용기와 비겁함은 인간이 본질적으로 소유한 자질이나 결함이 아닙니다. 특정 집단이나 특정인이 용감하거나 비겁하게 태어나는 것이 아닙니다. 그때그때의 조건과 상황이 만들어내는 가변적인 요소일 뿐이지요.

> 도망갈 곳이 없는 곳에 던져 넣으면 죽어도 물러나지 않는다. 필사적으로 싸우는데 어찌 승리하지 못하겠는가. 병사들이 깊이 빠지면 두려워하지 않고 갈 곳이 없어지면 굳건해진다. 적지 깊숙이 들어가면 막다른 골목에서 어쩔 수 없이 싸우게 된다. 그런 까닭에 훈련받은 병사가 아니어도 경계가 철저하고, 요구하지 않아도 병사들은 자신의 임무를 수행하며, 약속하지 않아도 서로 친밀하고, 명령하지 않아도 서로 믿는다.[8]
>
> _《손자병법》〈구지〉

손자가 분명히 말했습니다. 위급한 조건과 상황이 닥치면 죽을힘을 다해 싸운답니다. 영웅서사시를 문명의 기초로 하고 영원히 그들의 피 끓는 고뇌와 투지와 용기를 찬미하는 서양인들에게 영웅의 존재는 당연한 것이겠지만 동양 세계와는 멀리 떨어진 이야기일 뿐입니다. 비겁함과 용기 그리고 투지는 조건과 상황, 즉 세가 만들어내는 것일 뿐입니다. 이를 두고 손자는 상옥추제上屋抽梯를 논했습니다.

사병의 눈과 귀를 어리석게 만들어 상황을 알지 못하게 하고, 일을 수시로 바꾸고 계책을 바꾸어 병사들이 알지 못하게 하며, 거처를 자주 바꾸고 길을 돌아가 병사들이 추측하지 못하게 할 수 있어야 한다. 장수가 작전을 지시할 때는 마치 지붕 위로 높이 올려 보낸 상태에서 사다리를 치우듯이 할 수 있어야 한다. 장수는 병사를 이끌고 제후의 영토에 깊이 들어간 뒤에야 그 기밀을 드러낸다. 마치 양의 무리를 몰고 가는 것처럼 앞으로 갔다 뒤로 갔다 하여 어디로 가는지 모르게 하며, 전군의 무리를 모아 위험한 곳에 던질 수 있어야 한다. 바로 이것이 군대를 거느리는 일이다. **9**

_《손자병법》〈구지〉

상옥추제라는 말이 여기서 나왔습니다. 높은 곳으로 올라가게 한 뒤 사다리를 치워버린다는 뜻입니다. 그러면 병사들이 용기를 내서 전력을 다해 싸운다는 것이지요. 즉, 세를 조성하면 필부가 용사가 되고 전사로 거듭납니다. 영웅이 필요 없습니다. 병사들이 용기를 발휘해 싸울 수 있도록 조건과 상황을 만들 전략가가 있으면 될 뿐입니다. 조건과 상황이 인간의 의지를 결정합니다. 손자는 사람의 자질, 덕성, 용기에 기대하지 않습니다. 더 정확히 말해 개인 하나하나의 용기, 덕성, 자질 등은 아예 처음부터 생각지도 않습니다. 인간을 둘러싼 조건, 외부 상황이 인간의 행동을 결정할 뿐입니다. 그런 세를 전략가, 병법가가 잘 만들어주면 됩니다. 정말이지 영웅이란 존재가 필요 없는 것입니다.

세는 영웅을 부정하는 것

진정한 명장, 즉 전략가의 승리에는 지혜롭다는 명성과 용감하다는 공적이 없다. 故善戰者之勝也, 無智名, 無勇功.

_《손자병법》〈군형〉

손자가 〈군형〉편에서 한 이야기입니다. 자신의 재능이나 용기에 의거하여 전세를 역전시키고 영웅적이고 드라마틱하게 눈에 띄는 방식으로 승리를 간신히 쟁취하는 영웅은 필요하지 않습니다.

점잖은 손자가 강조하여 역설한 부분이 있습니다. 《손자병법》에서 유일하게 흥분하며 말한 부분이지요.

보통 사람들의 생각대로 승리를 만들려고 한다면 최선의 승리를 만들 수 없다. 그런 승리를 추구해서는 안 된다. 격전을 치러 천하 사람들이 환호하고 칭찬하는 승리도 역시 추구해서는 안 된다.

가벼운 깃털 하나를 든다고 누가 힘이 세다고 이야기하는가? 해와 달을 본다고 누가 눈이 밝다고 이야기하며 천둥소리를 듣는다고 누가 귀가 밝다고 이야기하겠는가?

최선의 전쟁은 미리 압도적으로 유리한 형세를 만들어 손쉽게 승리를 취할 수 있게 하는 것이다. 가벼운 깃털 하나를 들고 눈으로 해와 달을 보고 귀로 천둥소리를 듣는 것처럼 쉽게 이길 수 있도록.

이런 까닭에 진실로 전쟁을 잘하는 자의 승리에는 지혜롭다는 명성도 용감하다는 공적도 사람들의 환호와 칭찬도 없는 것이다.

깃털을 든다고 누가 힘이 장사라고 칭찬하겠습니까? 천둥소리를 듣는다고 누가 귀가 밝다고 하고 해와 달을 본다고 누가 눈이 밝다고 하겠습니까? 전투가 너무 싱거워 아무도 장수의 지혜와 용기를 칭찬하지 않을 정도로 장수의 존재감이 없어 보일 정도로 사전에 철저히 준비한 채 싸우라는 겁니다. 그것이 진정한 승리이고 위대한 승리일 것입니다.

영웅이 되려고 해서는 안 됩니다. 절대 공명심과 영웅 심리에 휩싸여서는 안 됩니다. 언론이 찬양하는 승리를 추구해서도 안 됩니다. 일방적으로 세가 나에게 기운 채 전투를 시작할 수 있도록 준비해야지요. 이렇게 손자가 말하는 세는 영웅과 영웅주의를 부정합니다. 영웅의 길을 추구하지 말아야 그가 추구하는 진정한 승리, 위대한 승리가 만들어집니다. 승리는 용기가 아니라 세를 통해서만 얻을 수 있는 것입니다.

승
리
의

제
1
원
칙

이일대로 이포대기

전략가는 용기가 아니라 지혜로 싸웁니다. 《일리아드》나 《오디
세이아》의 영웅들처럼 격앙된 감정에서 비롯된 투지가 아니라
지혜와 냉철함으로 유리한 세에서 전쟁을 시작하도록 노력합니
다. 세를 얻은 채 싸우면 승리뿐만 아니라 피해와 비용을 최소
화하는 이익을 얻을 수 있습니다. 세는 단순히 이기기 위한 것
이 아니라 효율성을 취하기 위한 것입니다.

　손자는 〈군쟁〉편에서 이일대로以佚待勞와 이포대기以飽待飢라는
전술을 논했습니다. "편안함으로 피로함을 기다리며, 배부름으

로 굶주림을 기다리라"라고 했지요. 이일대로는 미리 도착해 숨을 고르며 적을 기다리라는 것입니다. 멀리서 막 도착해 헐레벌떡 숨을 몰아쉬는 적과 싸우라는 것이지요. 이포대기는 배부른 상태에서 적을 기다리라는 것인데 항상 아군의 보급에 차질이 없게 하고 상대의 보급을 방해해 적보다 내가 배부른 상태에서 싸우라는 것입니다.

충분한 휴식을 취한 상태에서, 그리고 적보다 배부른 상태에서 싸우면 잘 싸울 수 있겠지요? 백병전에서 허기진 병사는 배불리 먹은 병사의 상대가 되지 못하기 때문에, 아군 측 희생을 최소화하며 이길 수 있는 것입니다.

미리 조건들을 잘 갖추고 활용하면, 즉 세를 잘 만들고 갖추면 효율적으로 목표를 이룰 수 있습니다. 세는 효율성입니다.

공기무비 출기불의

공격하라, 상대가 준비하지 못한 곳을. 攻其無備.

출격하라, 상대가 예상치 못한 곳을. 出其不意.

_《손자병법》〈시계〉

손자가 말하는 전략 전술을 예술적으로 표현한 것에는 공기무비攻其無備와 출기불의出其不意라는 것이 있습니다. 손자는 이를 병가의 승리 원칙이라고 했습니다. 실전에서 공격할 때 항상 명심해야 할 승리의 제1원칙입니다. 상대가 준비하지 못한 곳을 치고 상대가 예상치 못한 곳으로 나아갑니다. 그렇게 하면 단순히 승리하는 정도가 아니라 나의 희생과 비용을 아낀 채 이길 수 있을 것입니다.

상대를 방심하게 한 뒤에 기습하고, 상대의 시선을 분산시킨 채 은밀히 나의 병력을 이동시킵니다. 이 두 가지를 잘해내기 위해 가장 중요한 것은 나를 최대한 가리는 것입니다. 상대가 나를 보지 못하게 해야 공기무비와 출기불의가 가능하죠.

미묘하구나 미묘해! 형태 없음에 이르렀다. 신비롭구나 신비해! 소리 없음에 이르렀다. 이렇게 해야 적의 사명이 될 수 있으니. 微乎微乎! 至于無形; 神乎神乎! 至于無聲, 故能爲敵之司命.

병법의 극치는 나를 무형으로 만드는 것이다. 무형이 되면 깊이 숨은 간첩도 엿볼 수 없고, 아무리 지혜로운 자라도 계책을 낼 수 없다. 故形兵之極 至于無形; 無形, 則深間不能窺, 智者不能謀.

_《손자병법》〈허실〉

앞서 말한 대로 나를 무형으로 만들어야 합니다. 나의 의도와 허실을 모르게 하고 이동로와 진행 방향을 모르게 해야 합니다. 나를 은폐시키고 나의 모습을 오인하게 해야 공기무비, 출기불의할 수 있을 것입니다. 그래서 손자 그리고 손자를 따르는 사상가들인 손빈과 한비자, 노자는 모두 무를 강조했습니다. 나를 최대한 가려라. 그래야 효율적인 전략을 짜내고 우세한 채 싸울 수 있고 희생과 비용을 최소화할 수 있다는 것입니다.

> 적은 드러나게 하고 나를 숨긴다. 그러면 아군은 병력을 집중할 수 있고 적군 병력은 분산된다. 아군은 집중되어 하나이고 적군은 열로 분산되어 열의 힘으로 하나를 공격하게 된다. 아군은 많고 적군은 적어서 다수로 소수를 공격할 수 있으니 싸움이 쉬워진다. 아군이 공격할 곳을 적군이 알 수 없으니 적군은 수비할 곳이 많아진다. 적군이 수비할 곳이 많아지고 아군이 상대할 적군은 적어진다.[10]
>
> _《손자병법》〈허실〉

내가 어디로 움직이고 어디로 들이닥치고 어디를 칠지 모르면 적의 군대는 분산되고, 따라서 힘도 분산되는데 결국 내가 어디로 움직이든 내가 상대해야 할 적군의 수는 적어지고 그곳에 나의 힘을 집중해 돌파할 수 있지요. 전투가 일어나기도 전에 이렇게 적의 힘을 분산시키면 완전히 세를 장악한 채 시작하는 것이고 큰 저항과 소모와 희생 없이 승리를 거둘 수 있습니다.

15

한
비
자
와
세

활이 약해도 바람을 타면 화살은 멀리 간다

추운 겨울에 논밭을 갈아 농사를 짓는다면 농경의 신인 후직이라도
풍작을 거둘 수 없고 풍년이 들어 벼가 충실하게 여물면 노비에게
맡겨놓아도 수확을 망치지 않는다. 이렇듯 한 사람의 힘에만 의지
한다면 후직이라도 부족하고 자연에 따른다면 노비라도 많은 수확
을 할 수 있다. 故多耕之稼, 后稷不能羨也 ; 豊年大禾, 臧獲不能惡也. 以
一人力, 則后稷不足 ; 隨自然, 則臧獲有餘.

_《한비자》〈유로〉

'외적 조건과 상황이 나쁘다면 인간이 아무리 노력을 해도 좋은 결과를 만들기 힘들지만 외부적 상황을 잘 활용하면 얼마든지 좋은 결과를 낼 수 있다. 또 외적 조건을 잘 활용하면 노력에 비해 수확을 많이 거둘 수 있다. 즉, 효율성을 제고할 수 있다.' 한비자가 한 말입니다.

한비자는 조건주의자이자 상황주의자입니다. 그는 〈난세難勢〉편에서 활이 약해도 바람을 타면 화살은 멀리 갈 수 있다고 이야기하며 외적 상황과 조건을 중시했습니다. 인간의 덕과 마음에 호소하지 않았습니다. 조건과 상황이 변할 때에는 방법과 원칙이 달라져야 한다고 말했습니다. 특히 정치적 조건으로서의 세, 군주를 둘러싼 정치적 조건을 말했습니다. 어떻게 하면 군주가 자신에게 유리하게 자신의 정치적 조건을 만들어갈지 고민했지요. 한비자는 권세, 권위, 권력으로서의 세를 사유했습니다.

궁중 사회는 전쟁터

문둥이가 왕을 불쌍하게 여긴다고 한비자가 말했습니다. 그만큼 궁중 정치투쟁이 격렬했고 군주들이 많이 희생되었다는 뜻입니다. 한비자는 《황제서黃帝書》라는 책을 인용해 왕과 신하는 하루에 100번 싸운다는 말도 했습니다. 궁중이 전쟁터인데 어찌해야겠습니까? 싸워 이겨야지요. 그렇기에 한비자는 손자의 지혜를 사상적으로 흡수했는데요, 손자의 세 개념을 살려 정치적인 개념으로 만들었습니다.

이는 투쟁의 정치철학입니다. 궁중은 전쟁터고 신하들은 항상 왕에게 도전하는 적과 같은 존재인데 어떻게든 적과의 투쟁에서 이겨야 하고 전쟁에서 살아남아야 합니다. 한비자가 만든 투쟁의 정치철학, 그 중심엔 세가 있습니다. 손자는 늘 세를 가진 채 적과 싸울 수 있어야 하고 장수는 세로써 병사들을 다룰 수 있어야 한다고 이야기했습니다. 한비자는 군주도 마찬가지라고 보았습니다. 세를 장악해야 신하들을 장악할 수 있다고 했지요.

손자에게 세는 전쟁터의 조건과 상황 그리고 주도권의 의미가 강했습니다. 한비자에게 세는 신하들과 구분되는 왕만의 힘이라는 의미로 발전했습니다. 정치적 통제력이고 정치적으로 상대를 제압하는 강력한 힘인데요. 특히 군주가 갖는 위력이지요. 이미 앞에서 설명한 바입니다.

무릇 재능이 있더라도 세가 없다면 비록 어진 자라 하여도 어리석은 자를 통제할 수 없다. 그러므로 한 자 정도의 짧은 나무라도 높은 산 위에 세우면 천 길이나 되는 골짜기를 내려다 볼 수 있는데,

이는 나무가 길어서가 아니라 높은 곳에 있기 때문이다. 걸 임금 같은 폭군이 천자가 되어 천하를 제어할 수 있었던 것은 현명해서가 아니라 세가 막중했기 때문이며, 요 임금이 보잘것없는 사내였다면 세ョ 집안도 다스릴 수 없었을 것인데 이는 어리석어서가 아니라 세가 없기 때문이다.[11]

_《한비자》〈공명功名〉

용은 구름을 타고 뛰어오르고 뱀은 안개 속을 노닌다. 구름이 개고 안개가 걷히면 용과 뱀이 지렁이처럼 되는 것은 탈것을 잃어버렸기 때문이다. 현명한 사람이 못난 사람에게 굽히는 까닭은 권세가 미약하고 직위가 낮기 때문이다. 못난 사람이 현명한 사람을 복종케 할 수 있는 까닭은 권력이 크고 직위가 높기 때문이다. 요가 필부라면 세ョ 사람도 다스릴 수 없으며 걸은 천자가 되었기 때문에 천하를 어지럽힐 수가 있었다. 나는 이로써 권세는 충분히 믿을 만한 반면에 현명함은 흠모하기에 부족하다는 것을 깨닫게 되었다.[12]

_《한비자》〈난세〉

모자란 사람도 세가 있으면 현명한 이를 부릴 수 있습니다. 하지만 아무리 현명한 이라도 세가 없으면 아무 소용없답니다. 공자 같은 성인이라도 세가 없으면 타인을 부릴 수 없다고 했습니다. 한비자가 정말 하고 싶었던 말은 정치 현장, 궁중 사회에서는 그저 세가 최고라는 것이지요. 특히 군주는 세가 미약해지면 신하들에게 잡아먹힌다고까지 했는데요, 한비자는 군주의 세를 위해 역사적 사례를 들어가며 법과 술을 통해 조언을 많이 했습니다.

한비자의 무

손자 못지않게 세를 중시한 한비자는 무를 강조했습니다. 무는 앞서 말한 대로 손자를 위시한 병법가들이 강조한 것이었는데, 어디까지나 세를 위한 것이었습니다. 한비자도 마찬가지였습니다.

한비자는 전쟁에서 나를 무로 만들어야 하듯이 궁중에서도 나를 무로 만들 수 있어야 한다는 것을 손자에게 배웠습니다. 군주는 늘 신하들에게 자신의 속을 감추어야 합니다. 한비자는 군주가 신하들에게 속마음을 내보이면 영악한 신하들은 반드시 임금의 생각을 미리 간파하고 이것을 악용하려 들지만 그와 반대로 임금이 속마음을 내보이지 않는다면 신하들은 임금이 무슨 생각을 하는지 갈피를 잡을 수 없으므로 두려움에 떨게 된다고 했습니다. 최대한 은폐하고 가려야 한다는 거지요. 최대한 자신의 의도와 생각을 그들이 읽지 못하게.

"군주는 자신이 바라는 것을 밖으로 드러내지 말아야 한다. 군주가 바라는 것을 밖으로 드러내면 신하는 군주에게 잘 보이려고 꾸밀 것이다. 또한 군주는 의사를 표하지 말아야 한다. 군주가 의사를 표하면 신하는 자신이 남과 다르다는 것을 표하려고 할 것이다"라고 한다. 또한 "좋아하고 싫어하는 표정을 내비치지 않으면 신하는 바로 본심을 그대로 드러낼 것이며, 지혜를 버리고 재주를 부리지 않으면 신하는 바로 신중하게 처신을 잘할 것이다"라고도 한다.

_《한비자》〈주도主道〉

군주가 싫어하는 것을 겉으로 내비치면 신하는 싫어할 만한 단서를 숨기고, 군주가 좋아하는 것을 겉으로 내비치면 여러 신하는 능력이 없어도 있는 척한다. 군주가 자기 의욕을 겉으로 드러내면 신하는 자신을 꾸밀 기회를 얻게 되는 것이다.

_《한비자》〈이병二柄〉

한비자는 어떻게든 신하들이 자신의 생각과 감정을 읽지 못하도록 하라고 거듭 조언했습니다.

군주가 현명하다는 것을 알게 되면 사람들은 그에 대해서 조심하고, 군주가 현명하지 못하다는 것을 알게 되면 사람들은 군주를 기만하려 든다. 군주가 어떤 일을 생각하고 있다는 것을 사람들이 알게 되면 사람들은 그 일에 대해서 과장을 하여 꾸밀 것이고, 군주가 모르고 있으리라는 것을 알게 되면 사람들은 한사코 그 일을 숨긴다. 군주가 욕심이 없다는 것을 알게 되면 사람들은 그 실정을 탐지하려 들 것이며, 군주가 욕심이 있다는 것을 알게 되면 사람들은 그 욕심을 미끼로 하여 자기 이익을 도모한다. 上明見, 人備之; 其不明見, 人惑之. 其知見, 人惑之; 不知見, 人匿之. 其無欲見, 人司之; 其有欲見, 人餌之.

_《한비자》〈외저설外儲說 우상〉

그대의 말을 조심하라. 그렇지 않으면 그 말에 의해 그대의 마음속을 보여주게 될 것이다. 그대의 행동을 조심하라. 그렇지 않으면 사람들은 그 행동에 의해 그대를 추종할 것이다. 그대에게 지혜가 있다는 것을 알면 사람들은 그대에게 숨기리라. 그대가 무지하다는 것을 알게 되면 사람들은 그대를 기만할 것이다. 慎而言也, 人且知女; 慎而行也, 人且隨女. 而有知見也, 人且匿女; 而無知見也, 人且意女.

_《한비자》〈외저설外儲說 우상〉

장수가 아군을 최대한 무로 만들어야 전쟁터에서 세를 가지고 싸울 수 있듯이 군주도 최대한 나를 무로 만들어야 합니다. 군주가 어떻게든 자신을 무로 만들어야 그들과 싸워 이길 수 있습니다. 이는 《도덕경》에서도 강조되는데요, 노자 역시 손자의 영향을 많이 받았습니다. 손자, 한비자와 노자가 강조한 무는 예술, 미학의 영역에서도 계승되었습니다.

법과 세

세를 만들기 위해서 무도 중요하지만 가장 중요한 것은 법이라는 군주의 무기입니다. 한비자는 법을 군주의 발톱과 이빨이라고 하면서 이것으로 신하들을 다루어야 한다고 했습니다. 상벌권을 장악한 채 언제든 그들에게 무거운 벌을 내릴 수 있어야 합니다. 궁중 사회의 호랑이 같은 신하들은 언제든 호시탐탐 군주의 권력을 노리는데, 법으로써 감히 군주의 권위에 도전하지 못하게 하고, 법을 어길 때에는 엄형을 내려 누구든 군주를 무서워하게 해야 한다고 했습니다. 법은 군주의 세에 있어 가장 중요한 조건입니다.

현명한 군주는 신하를 길들이는 데 법을 철저하게 적용하고 미리
방비해 잘못을 바르게 고쳐나간다. 따라서 죽을죄를 사면하는 일
이 없으며 형벌을 경감하는 일도 없다. 사사赦死하거나 감형減刑
하는 것을 일컬어 세가 흔들리는 원인이라고 말한다. 그렇게 되면
앞으로 사직의 존립이 위태로워질 것이며 국가 권력이 신하 쪽으로
편중될 것이다. 是故明君之蓄其臣也, 盡之以法, 質之以備. 故不赦死, 不
宥刑, 赦死宥刑, 是謂威淫, 社稷將危, 國家偏威.

_《한비자》〈애신愛臣〉

한비자만이 아니라 모든 법가는 엄한 형벌을 주장합니다. 이는
손자를 비롯해 병가의 영향을 받은 것입니다. 한비자의 엄형주의
嚴刑主義는 군대를 떠올리면 쉽게 이해가 갑니다. 장수가 세를 가
지려면 상벌권을 장악해야 하고 특히 언제든 군법에 의거해 군율
을 어기고 군기를 흐리는 자를 엄하게 처벌할 수 있어야 합니다.
그래야 병사들이 장수를 두려워하여 장수가 부대를 장악할 수 있
지요. 군주도 마찬가지입니다. 군대의 법으로 병사들을 엄하게
다루듯 군주도 역시 군법과도 같은 무서운 법으로 신하를 다룰
수 있어야 합니다. 잘못을 하면 무거운 벌을 내려야지 절대 봐주
거나 용서해선 안 됩니다. 그러면 군주의 세가 약해집니다.

하지만 한비자의 법에는 형벌과 벌만 있는 게 아닙니다. 상도

있습니다. 상을 내리는 것도 법에 규정해야 하고 공을 세우면 반드시 법에 따라 상을 내려야 한다고 했습니다. 신하가 자신의 자리에서 능력을 발휘하고 공을 세울 경우 상을 줘야 한다고 했지요. 그래야 더욱 군주에게 충성하고 군주의 권위를 인정한다고 생각했습니다. 상 역시 군주의 권위와 권력, 즉 군주의 세를 높여주는 것이라 말했습니다.

현명한 군주가 신하를 제어하기 위하여 의존해야 할 것은 단 두 개의 무기, 칼과 도끼뿐이다. 칼과 도끼란 형刑과 덕德이다. 무엇을 일컬어 형과 덕이라고 하는가? 처벌하여 죽이는 것을 형이라고 하고 칭찬하여 상주는 것을 덕이라고 한다. 남의 신하된 자는 처벌을 두려워하고 상받는 것을 이득으로 생각한다. 그러므로 군주 자신이 직접 형을 집행하고 덕을 베푼다면 신하들은 군주의 세를 두려워하여 이득이 되는 쪽을 향해 갈 것이다. 明主之所導制其臣者, 二柄而已矣. 二柄者, 刑·德也. 何謂刑德? 曰: 殺戮之謂刑, 慶賞之謂德. 爲人臣者畏誅罰而利慶賞, 故人主自用其刑德, 則群臣畏其威而歸其利矣.

_《한비자》〈이병〉

어떻게 하면 신하들에게 휘둘리지 않고 항상 자신만의 정치적 힘을 유지하고 키워나갈 것인가, 한비자는 이를 중심으로 군주의 힘, 권위, 권력으로서의 세를 사고했습니다. 한비자와 비슷한 고민을 노자도 했지요. 둘 다 손자의 영향을 강하게 받았고 궁중 사회라는 정치적 상황과 군주의 입장을 전제로 해서 많은 것들을 사고했습니다. 즉, 손자와 한비자처럼 노자도 세와 강하게 연결되는 사상가입니다. 그런데 노자를 말하기 전에 맹자를 비롯해 유가 진영의 이야기를 먼저 조금 살펴보겠습니다. 군주의 독자적 힘, 군주 권력으로서의 세, 이것을 정면으로 부정한 사람들이 유가이기 때문입니다.

16

망
세

현

한비자는 군주만의 힘과 막강한 정치력, 절대적 권위를 주장
했습니다. 그것이 한비자의 세입니다. 권세는 특히 군주의 것
으로, 이는 무거운 법으로 형성되는 것이라고 했습니다. 그런
데 그런 의미의 세에 반대하는 사람이 있었습니다. 바로 맹자입
니다.

　맹자는 군주가 아니라 지식인이 국정의 중심이 되어야 한다고
생각했습니다. 덕 있고 인의를 아는 지식인이 군주에게 존중받고
때로는 백성의 스승을 넘어 군주의 스승이 되어 세상을 이끌어가

야 한다고 말했지요. 그는 군주의 권세를 인정하지 않고 현賢을 주장했습니다. 현명한 이 덕 있는 이가 우선이다, 어질고 덕 있음이 중요한 것이다, 왕이 아니어도 권력이 없어도 선비와 지식인이 어질고 현명하면 그가 국정의 중심에 서야 한다고 했습니다. 그는 세를 잊자고 했습니다. 망세忘勢를 말했습니다. 세보다는 인간의 덕성과 현명함이 중요하다는 것입니다.

옛날 현명한 왕들은 선을 좋아하고 권세를 잊었다. 옛날 현명한 선비들이 어찌 홀로 그렇지 않았겠는가? 도를 좋아하고 남의 권세를 잊었다. 고로 왕공이라 하더라도 경의를 다하고 예를 극진히 하지 않으면 그들을 자주 볼 수 없었다. 보는 것도 오히려 자주 할 수 없었거늘 하물며 그들을 신하로 삼는 것이야? *孟子曰: 古之賢王好善而*

忘勢, 古之賢士何獨不然? 樂其道而忘人之勢. 故王公不致敬盡禮, 則不得亟

見之. 見且猶1不得亟, 而況得而臣之乎?

_《맹자孟子》〈진심盡心 상〉

왕도 현자를 함부로 오라 가라 할 수 없었답니다. 선을 좋아한 어진 왕들은 자신이 군주라고 현명한 지식인들을 함부로 다루거나 강압적으로 부리지 않고 그렇게 존중했다고 합니다. 선비들역시 도를 좋아하고 권세를 잊었답니다. 자신이 도를 갖추었고 덕이 있다면 군주의 위치, 군주가 휘두르는 폭력의 힘을 두려워하지 않았다는 겁니다.

'덕이 중요한 것이다. 도를 갖춤이 중요한 것이고 권세를 개의치 말아라. 세는 중요한 것이 아니다. 잊어라.' 맹자는 이렇게 망세를 주장했습니다. 맹자는 이렇게 절대적 정치권력인 세를 중시하지 않았습니다. 한비자를 위시한 법가 사상가들과 대조되는 점인데 한비자의 선배 상앙이 법을 토대로 군주 중심의 영토 국가를 만들어가던 시점에 그에 대한 반작용으로 이러한 사상이 등장한 거지요. 법과 세가 중요한 게 아니라 덕과 현명함이 중요한 것이고 세를 장악한 군주가 아니라 덕과 현명함을 갖춘 지식인이 중심에 서서 국정을 이끌어가야 한다고 주장한 것이지요. 맹자는 이런 말도 했습니다.

천하에 두루 존중받는 것이 셋 있다. 작위가 하나요, 나이가 하나요, 덕이 하나다. 조정에서는 작위만 한 것이 없고 마을에서는 나이만 한 것이 없으며 세상을 돕고 백성을 기르는 데에는 덕만 한 것이 없다. 어찌 그 하나를 가지고 나머지 둘을 무시한단 말인가? 天下有

達尊三: 爵一, 齒一, 德一. 朝廷莫如爵, 鄕黨莫如齒, 輔世長民莫如德. 惡

得有其一, 以慢其二哉?

_《맹자》〈공손추公孫丑 하〉

여기서 말하는 작위가 바로 세입니다. 조정에서의 위치, 벼슬의 높고 낮음, 권력이 바로 세지요. 맹자가 한비자가 말한 권세로서의 세, 정치적 힘으로서의 세를 완전히 부정한 것은 아닙니다. 조정에서는 작위로서의 세만 한 것이 없다고 하지 않습니까? 하지만 맹자는 세상을 돕고 백성을 기르는 데에는 덕만 한 것이 없다고 했습니다. 세보다 덕이 더 중요하다는 것이죠.

그러므로 장차 큰일을 하려는 임금은 반드시 함부로 불러서 볼 수 없는 신하가 있다. 그와 의논하고 싶은 일이 있으면 임금이 찾아 갔다. 그 덕德을 높이고 도道를 즐김이 이와 같지 아니하면 더불어 큰일을 하기에는 부족한 것이다. 그래서 탕왕은 이윤으로부터 먼저 배운 뒤 그를 신하로 삼아 힘들이지 않고 천하의 왕이 되었으며 환공은 관중으로부터 배운 뒤 그를 신하로 삼아 힘들이지 않고 천하의 패자가 되었다.[13]

_《맹자》〈공손추 하〉

'군주의 권위와 권세보다 지식인의 덕이 먼저다. 지식인을 함부로 신하 삼아 부릴 수 없다. 그를 스승으로 모신 뒤 신하로 삼아 국정을 이끌어야 한다.' 맹자는 이렇게 말했습니다. 한비자라면 그리고 맹자보다 조금 이른 시대 사상가 상앙이라면 동의하기 어려웠을 것입니다.

맹자의 세

지혜가 있다한들 시세를 타는 것만 못하다. 비록 호미가 있다한들 농사지을 때를 기다리는 것만 못하다. 雖有智慧, 不如乘勢; 雖有鎡基, 不如待時.

_《맹자》〈공손추 하〉

맹자는 개인의 능력이 시세를 타는 것만 못하다고 했습니다. 호미가 있다한들 겨울에 농사를 지을 수 있겠습니까. 봄이 와야지요. 기후적, 계절적 조건이 안 되면 농사를 지을 수가 없는 것처럼 아무리 능력과 지혜가 있다고 해도 조건을 잘 활용하는 것만 못하다는 것입니다. 이렇게 다른 사상가들이 말한 세 자체를 맹자가 모두 부정한 것은 아닙니다. 이런 일도 있었습니다. 공손추라는 제자가 맹자에게 물었습니다. "군자가 자식을 직접 가르치지 않는 것은 어찌 된 이유입니까?" 그러자 맹자가 이렇게 답했지요.

일의 사정이 그리 할 수 없기 때문이다. 가르치는 것은 반드시 올바른 것으로 해야 한다. 올바른 것으로 가르치는데 실행하지 않으면 이어서 화가 나게 되고 화가 나게 되면 오히려 부자지간에 감정이 상하게 된다. '아버지께서는 나에게 올바르라고 가르치시면서 당신께서는 올바르게 행하지 않고 계신다.' 이렇게 되면 부자가 서로 감정이 상하는 상황이 된다. 부자가 서로 감정이 상하는 상황은 나쁜 것이다. 勢不行也. 敎者必以正；以正不行, 繼之以怒；繼之以怒, 則反夷矣. 夫子敎我以正, 夫子未出於正也. 則是父子相夷也. 父子相夷, 則惡矣.

_《맹자》〈이루 상〉

아버지가 아들을 직접 가르치면 감정이 상하는 상황이 벌어지기 쉽기 때문에 직접 가르치지 않는다고 했습니다. 세가 그렇기에, 일의 상황이 그렇게 되기 때문에 어쩔 수 없다고 했는데 여기서 일의 상황과 조건이라는 의미의 세를 말했습니다. 앞서 말한 병법가들이 말한 세와 같은 의미죠. 일반적으로 통용되는 세의 의미를 그도 잘 알고 있었고 실제로 그렇게 쓰기도 했음을 알수 있습니다. 하지만 한비자가 말한 대로 절대 군주가 독점하는 권력으로서의 세는 인정하지 않았습니다. 세가 가진 의미 자체를 부인한 것은 아닙니다. 다만 권력으로서의 세, 외부적 압력이란 조건으로서의 세는 중요하지 않다고 보았고 지식인의 덕과 인의가 훨씬 더 중요하다고 본 것이지요.

공자 그리고 순자도 외부적 조건과 상황보다는 인간의 의지, 도덕이 더 중요하다고 보았습니다. 유가는 전부 외부적 압력으로 작용하는 조건을 중요하게 여기지 않았습니다. 그런 의미의 세를 부인하거나 미미하게 본 것이지요.

맹자와 고자의 논쟁

맹자와 고자가 인성론을 주제로 논쟁할 때 이런 말을 했습니다. 고자는 인간이 본래 착하다거나 하는 본성이 따로 정해진 바가 있는 게 아니며 제도와 법을 통한 외부 강제와 유인 아니면 교육과 사회화를 통해 인간이 선해진다고 보았습니다. 반면 맹자는 인간의 본성은 분명히 있고 이는 선하며 내 안에 있는 선한 본성을 잘 키워나가야 인간은 군자가 될 수 있을 것이라고 했지요. 이 둘 사이에 논쟁이 붙었습니다.

고자는 인간의 본성이 고여 있는 여울물과 같아서 동쪽으로 터주면 동쪽으로, 서쪽으로 터주면 서쪽으로 흘러간다고 보았습니다. 외부적 압력 내지 자극으로 인간의 행동과 성격이 결정된다는 것이지요. 고여 있는 물이 동쪽으로 갈 것인지 서쪽으로 갈 것인지 북쪽으로 갈 것인지는 사전에 정해진 게 아니라 어디로 물꼬를 터주느냐에 따라 바뀐다고 보았습니다.

반면 맹자는 물에는 본래 동서의 구분이 없지만 아래로 흐르는 불변의 성질이 있는 것처럼 인간의 본성에도 역시 불변의 성질이 있다고 했습니다. 물은 본래 아래로 흐르지만 물을 쳐서 튀어 오르게 할 수도 있고 산에 있게 할 수도 있지만 이것은 물의 본성이 아니라고 했습니다. 어디까지나 비정상적인 상황이고 형세가 그렇게 만든 것이라고 했지요. 기세즉연야其勢則然也라고. 외부적 조건이 그렇게 만든 것일 뿐이라고 했습니다.

물이 위로 튀어 산에 있을 수 있지만 물의 본래 성질은 아래로 흐르는 거지요. 본질적 성질이 있는 물처럼 사람도 본질적으로 선한 마음이 있는 존재라는 것입니다. 그런데 경우에 따라 외적 조건이 나쁘면 삐뚤어진 행동을 할 수 있다고 했습니다. 외부적 조건과 상황으로 인해 사람이 선하지 않은 행동을 할 수도 있다고 했지요. 하지만 어디까지나 외부적 압력 때문이지 본성이 나빠 그런 것이 아니지요. 흉년에 사람들이 배고픔에 시달리다가 도둑질을 할 수 있지만 이는 인간이 본래 나쁜 사람이라서가 아니라 흉년과 기아라는 외부적 조건 때문이듯이 말입니다. 맹자도 외부의 조건이 인간의 행동을 결정하는 데 영향을 준다고 본 것은 사실입니다. 하지만 인간은 선한 본성을 지니고 있고, 이를 잘 키우면 외부적 조건에 굴하지 않는 군자, 지식인, 선비, 대장부가 될 수 있다고 보았지요. 그런 사람을 군주와 국가권력이 함부로 할 수 없다고 이야기했습니다.

고자와 논쟁할 때 맹자는 물이 위로 높게 튀는 상황은 밑으로 흐르는 물의 본성에 반하는 비정상적인 것이라고 했습니다. 이걸 보면 맹자는 세를 단순히 외부적 조건으로만 인식한 게 아니라 인간을 억압하는 압력이라 보았다고 할 수 있습니다. 앞서 말한 대로 맹자는 지식인의 덕과 현명함과 대조되는 권세로서의 세를 인간을 짓누르는 좋지 못한 외부적 압력으로 보았습니다. 그래서 맹자는 외부적 힘에 굴하지 말아야 한다고 했지요. 또 덕을 키운 군자라면 그럴 수 있다고 했고요. 이런 사람을 맹자는 대장부라 일렀습니다.

천하의 너른 터전에 거처하고, 천하의 바른 자리에 서고 천하의 대도를 행한다. 居天下之廣居, 立天下之正位, 行天下之大道.

부귀가 유혹하지 못하고 빈천이 주눅 들게 하지 못하고 위세와 무력이 굽히지 못한다. 그런 사람을 대장부라고 한다. 富貴不能淫, 貧賤不能移, 威武不能屈. 此之謂大丈夫.

_《맹자》〈등문공滕文公 하〉

맹자가 말한 대장부는 자신 안의 선한 본성을 잘 키워 큰사람이 된 경우인데요. 천하의 대도를 행한다, 천하의 너른 자리에 거처한다고 이야기했습니다. 가장 주목할 부분은 위무불능굴威武不能屈입니다. 대장부는 절대 위세와 무력에도 굴하지 않는다는 뜻인데 이는 세를 염두에 두고 한 말이지요. 대장부라면 정말 큰 지식인이라면 정치권력의 힘과 군주의 위세에 굴하지 않는다는 것입니다.

맹자가 말하는 대장부는 다분히 세, 법가 사상가들이 중시한 군주의 힘과 국가권력의 강제를 염두에 둔 말입니다. 진정한 지식인과 선비는 세에 굴하지 않고 언제든 지식인으로서의 주체성과 긍지를 지켜야 한다는 것입니다.

17

유
가
의
세

순자의 세

순자도 세를 이야기 했습니다. 맹자와 비슷하게 외부적 조건으로서 세를 말하기도 했는데 〈불구不苟〉편에 다음과 같은 말이 나옵니다.

군자는 몸을 깨끗이 간수해 그와 같은 사람들이 모여들고 말을 옳게 해 비슷한 사람들이 거기에 호응하게 된다. 그러므로 한 마리 말이 울면 다른 말이 따라 우는데 그것은 지각과 사려에서 기인한 게 아니라 형세, 상황이 그렇게 만드는 것이다. 君子絜其身而同焉者合矣.

144

善其言而類焉者應矣. 故馬鳴而馬應之, 牛鳴而牛應之, 非知也, 其勢然也.

_《순자》〈불구〉

군자의 몸가짐이 사람들을 절로 감화시켜 모여들게 하고 한 마리 말이 울면 다른 말이 따라 우는데 그것이 일의 형세고 상황이며 이치라고 설명했습니다. 그렇게 상황이 되어가는 것이라 했는데 맹자와 다른 사람들이 쓰던 세의 의미와 유사하지요. 〈자도子道〉편에서 같은 의미의 세를 말했습니다.

자로야, 이것을 마음속에 잘 새겨 두어라. 내 네게 얘기를 해주는데 비록 한 나라에서 으뜸갈만한 힘이 있다 하더라도 자기 자신의 몸을 들지는 못한다. 힘이 없어서 그런 게 아니라 세가 그런 것이다. 孔子 曰: 由志之, 吳語汝. 雖有國士之力, 不能自擧其身. 非無力也, 勢不可也.

_《순자》〈자도〉

아무리 힘이 세도 자신의 몸을 스스로 들지는 못한다고 했습니다. 그러면서 세불가야 勢不可也라고 했지요. 세가 불가한 것이다, 일의 이치와 형편, 상황이 그렇다는 것인데 〈불구〉편에서 말한 세와 유사한 의미입니다.

〈정명定名〉편에서는 이렇게 말하기도 했습니다.

명철한 군주는 세로 그들에게 임하면서도 올바른 도로 그들을 인도하며 영令을 거듭 내리면서도 당부하고 올바른 말로 그들을 밝혀주고 형벌로 그들의 잘못을 금한다. 그러므로 백성들이 도에 감화됨이 귀신의 솜씨로 이룬 것 같으니 변론이나 권세를 어디에나 쓰겠는가? 明君臨之以勢, 道之以道, 申之以命, 章之以論, 禁之以刑. 故其民之化道也如神, 辨執惡用矣哉?

_《순자》〈정명〉

명군임지이세明君臨之以勢란 명군이 세로 백성들에게 임한다는 뜻입니다. 한비자가 말한 권세의 의미와 유사합니다. 일의 이치와 형세, 상황, 조건으로서의 세 그리고 정치적 권위와 권력, 국가 폭력이 만들어내는 외부적 압력과 조건으로서의 세. 여기서는 정치권력이란 의미로 세를 말하고 있습니다. 그러나 순자는 도로 인도하고 올바른 말로 밝히라고 분명히 이야기합니다. 영令을 내리고 형벌을 쓰고 국가권력과 폭력의 힘을 부정하지 않았지만 교화와 병행해야 한다고 말했지요. 순자 역시 유가를 바탕으로 하는 학자이기 때문입니다. 유가에서는 본래 폭력, 압력, 강압적인 힘을 좋아하지 않습니다. 교화와 가르침, 배움을 통한 인간 성장을 믿기 때문이지요. 순자가 성악설을 말했다지만 외부적 압력으로서의 세를 좋아하지 않을 수밖에요.

주체로서의 인간, 사람이 도를 넓힌다

오월동주嗚越同舟라는 사자성어를 들어본 적이 있을 것입니다. 이 오월동주는 《손자병법》에서 비롯되었습니다.

> 무릇 오나라와 월나라는 서로 미워하지만 두 나라 사람이 배를 타고 함께 강을 건너다가 바람을 만난다면 한 사람의 왼손과 오른손처럼 단결해 서로를 구하려고 할 것이다. 夫嗚人與越人相惡也, 當其同舟濟而遇風, 其相救也如左右手.
>
> _《손자병법》〈구지〉

오나라 사람과 월나라 사람이 서로를 원수로 여기지만 풍랑이 이는 배에 같이 있다면 힘을 합친다는 이야기입니다. 위급한 조건과 상황이 닥쳐오면 서로의 힘을 합치는 게 인간 본성인데, 손자는 외부 상황을 조성하라는 뜻으로 한 말입니다. 그러면 자신의 뜻대로 사람을 부릴 수 있다는 겁니다. 장수가 외부적 상황을 조성해 압력을 주면 병사를 내 뜻대로 부릴 수 있다는 것이지요.

손자는 인간의 의지, 감정, 주체성 등이 없다고 생각했습니다. 손자뿐만 아니라 당대 모든 통치자, 지식인의 생각이 그러했습니다. 위정자가 자신의 말을 듣지 않을 수 없게 강제하고 통제하면 그저 인간은 끌려다니고 시키는 대로 하는 존재라는 것입니다. 인간을 피동적 존재로 봤고 얼마든지 위정자 맘대로 통제할 수 있는 존재라고 생각했지요. 쉽게 말하자면 인간에게 A라는 자극을 주면 ~A라는 반응과 행동이 나오고 B라는 자극을 주면 ~B라는 반응이 나온다는 것입니다. 위정자인 내가 원하는 바가 있으면 '외적 강제'라는 스위치만 누르면 됩니다. 외적인 압력을 만들어서 압박하면 내 마음대로 조종할 수 있는 대상, 당대에는 인간을 그렇게 생각했습니다. 그런데 갑자기 공자라는 사람이 나타나 당시 사람들이 듣기에 매우 이상한 소리를 합니다. 주체로서의 인간을 말했지요. 피동적 존재가 아니라 스스로 알아서 움직이고 행동하는 존재로서 인간을 이야기했습니다.

> 3군의 장수를 빼앗을 수 있어도 필부의 마음은 빼앗을 수 없다. 三軍可奪帥也, 匹夫不可奪志也.
>
> _《논어論語》〈자한子罕〉

이 말은 아무리 강제하고 윽박질러도 소용없다는 것입니다. 사람은 스스로 생각하고 옳다고 생각하는 가치를 마음 안에 새길 수 있고 그 가치를 향해 목숨도 던질 수 있는 존재라 생각한 것이지요. 아무리 법과 형벌로 강제해도 소용없습니다. 공자는 그런 인간을 말했습니다. 기존에는 왕과 신하만이 사람다운 사람이었고 스스로 생각하고 가치를 지향하는 존재였습니다. 대다수 인간을 정치권력의 힘과 폭력으로 끌고 다닐 수 있는 객체로만 생각하던 상황에 공자가 반기를 들었던 것이지요. 외부적 조건과 상황의 압력에 그저 끌려가고 순응하는 존재가 아니라 스스로 생각하고 가치를 지향하고 세상을 만들어가는 존재로 인간을 말한 겁니다. 기존에는 궁중의 왕과 신하들만이 그렇게 스스로 가치를 도모하고 지향할 줄 아는 존재였는데 공자가 그 범위를 넓힌 것이지요. 스스로 가치와 방향을 찾고 지향할 수 있는 주체로서의 인간을 말했습니다.

공자가 말했습니다. 인仁이란게 멀리 있느냐, 내가 인을 이루고자 하면 인은 바로 여기에 이른다고요. 그리고 도道가 사람을 넓히는 게 아니라 사람이 도를 넓힌다고 했습니다.

인간은 주체라는 겁니다. 법과 권력, 규범에 마냥 소 새끼처럼 끌려가는 존재가 아니라는 거지요. 사실 공자 이전에는 상상도 못한 이야기였습니다. 공자가 이렇게 강조한 이후에도 바로 수용된 생각이 아닌데요. 그 전에는 왕과 왕을 모시는 신하들 몇몇만이 주체로서의 인간이었지 보통 사람들은 주체로서의 인간, 스스로 사고하고 행동하는 존재로서의 인간이 아니었지요. 세를 만들어내면 얼마든지 내 멋대로 부려먹을 수 있는 존재였습니다. 그들이 두려워하는 외부적 조건과 상황을 만들어서 압박해서 내 마음대로 부려먹고 내 뜻을 관철시키는 통치의 객체로서만 다루어지는 대상이었지요. 하지만 공자가 그에 반기를 든 겁니다.

논어에는 세라는 말이 나오지 않습니다. 하지만 공자는 3군의 장수를 빼앗을 수 있어도 필부의 마음은 빼앗을 수 없다고 했습니다. 세로서 인간을 강제할 수 없다고 본 것입니다.

살신성인 殺身成仁. 죽어서라도 인을 이룬다 했지요. 죽음을 두려워하지 않습니다. 그런데 세는 기본적으로 죽음에 대한 두려움을 전제로 하는 것입니다. 조건과 상황에서 기미와 징조를 따지는 세는 기본적으로 명철보신을 꾀하려는 절박함에서 나왔다고 했습니다. 그런데 공자는 죽어서도 인을 이루겠다고 말합니다. 국가권력과 폭력으로서 강제하고 세를 조성해 인간을 압박하고 겁주어도 자신이 생각하는 바람직한 가치가 있다면 갈 길을 가겠다는 뜻을 분명히 한 것입니다.

이는 외적 강제로 만든 외부적 조건과 상황이 전부가 아니라는 것입니다. 세에 휘둘리지 않고 주체적으로 결정하고 명철보신하지 않고 살신성인하며, 사생취의 捨生取義의 길을 가겠다는 뜻입니다. 이런 인간의 의지와 정신은 유가에서 계승된 것이죠. 특히 대장부를 말했던 맹자에게 내려온 것입니다.

뭇 백성들은 '항산 恒産이 없으면 항심 恒心도 없다'고 했습니다만 군자라면 항산 없이도 항심이 있다고 했지요. 대부분의 백성들은 기본적인 경제적 조건이 따라주지 않으면 항상 선한 마음을 가질 수 없다고 했지만 군자와 지식인, 선비들은 아무리 배고프고 경제적으로 궁핍해도 항상 바른 마음을 가질 수 있다고 했습니다. 맹자는 국가권력과 폭력의 힘이라는 외부 조건 앞에서도 당당한 인간을 이야기했지요. 그에게 이상적인 인간이란 외부적 조건과 상황에 종속되는 존재가 아니라 스스로 가치를 지향하는 존재입니다. 이렇게 맹자 그리고 순자, 그들의 종사인 공자 모두 세와는 거리가 있는 사상가들입니다. 손자, 한비자, 노자와 다르게 세를 부정한 사람들이지요.

18

세
와
인

다시 한비자

군주의 정치적 지위, 군주의 세, 군주를 둘러싼 정치적 조건과
상황에 대해 집중적으로 논했던 한비자. 흥미로운 점은 《한비
자》에 신하의 관점에서 한 이야기도 적지 않게 있다는 것입니
다. 《한비자》를 읽다 보면 그를 군주의 권세를 이야기한 사상가
나 군주의 전제 권력만을 강화하는 데 혈안이던 지식인으로 단
정하기에는 어려운 부분이 많이 등장합니다.

  법도가 올바르더라도 반드시 받아들여지는 것은 아니며 말의 조리

가 완벽하다고 반드시 채택되는 것은 아니다. 故度量雖正, 未必聽也;
義理雖全, 未必用也.

_《한비자》〈난언難言〉

설득이 어려운 것은 설득하려는 상대의 마음을 알아서 그 마음에
적절한 방식으로 말하지 못하기 때문이다. 凡說之難, 在知所說之心,
可以吾說當之.

_《한비자》〈세난說難〉

　신하가 되어 군주 앞에 서서 자신의 올바른 의견을 이해시키고
설득시키는 일이 얼마나 힘든지 구구절절이 논한 부분이 많습니
다. 한비자를 단순히 제왕학을 말한 사람, 전제군주를 위해 이론
적으로 복무한 사람으로 보기 힘든 것이지요.

　신하의 입장에서 군주에게 자신의 의견을 납득시키고 설득시
켜야 합니다. 그러기 위해선 무엇이 중요할까요? 한비자는 군주
를 신하 입장에서 설득시키는 것이 왜 어려운지 논하면서 군주의
마음과 심리를 말했습니다. 상대의 마음을 알아내 거기에 자기
의견을 맞추기가 참 쉽지 않은데, 그것이 군주를 설득하는 일의
큰 어려움이라고 했지요.

　세를 처음에 조건과 상황이라고 못 박았는데요. 군주의 세를

논한 한비자는 단순히 군주를 둘러싼 조건과 상황만을 본 것이 아니라 정치적 조건과 상황, 즉 정치적 세에 대해 두루두루 살펴 본 사상가입니다. 정치와 관련된 모든 조건들을 보려고 했는데 그는 군주의 호오와 욕망, 심리라는 조건도 중시했지요. 그걸 어떻게든 파악하고 나서 신하들이 말을 하고 자기 의견을 진술해야 한다고 했습니다.

설득해야 할 상대가 명예나 높은 절개를 중시하는 마음이 있을 때 많은 이득을 가지고 설득하면 안 된다고 했습니다. 그럼 상대는 날 외면할 테니까요. 반대로 설득시킬 상대가 많은 이익을 탐하는 마음이 있다면 명예나 절개를 가지고 그를 설득하면 안 된다고 했습니다. 역시나 외면 받을 것입니다. 한비자가 〈세난〉편에서 한 이야기지요.

> 대저 군주를 설득하는 데 있어서 명심할 일은 상대가 자랑거리로 삼는 것을 두둔해주고 부끄럽게 여기는 것을 감싸 없애주는 요령을 아는 데 있다. 凡說之務, 在知飾所說之所矜而滅其所恥.
>
> _《한비자》〈세난〉

군주가 무엇을 좋아하고 드러내고 싶어하는지, 뭘 싫어하고 숨기고 싶어하는지 알아야 합니다. 어떤 가치관과 어떤 심리를 지넜는지 파악해야 합니다. 그렇게 군주의 심리적 조건과 상황을 읽은 뒤 거기에 순응해 자신의 의견을 전달해야 합니다. 그래야 설득이 됩니다. 무엇보다 역린逆鱗을 건드리지 않아야 아까운 목숨을 부지할 수 있습니다. 심리적 조건과 상황이라는 세를 읽지 못하고 거기에 순응하지 못하면 '용'의 비늘을 건드릴 수 있고 그러면 설득은커녕 자신의 목숨도 부지할 수 없습니다. 순응해야 합니다. 군주의 정치적 심리적 조건과 상황에 인因해야지요.

한비자는 참 조건에 민감한 학자인데요. 한비자 철학이 애초에 전제하는 것이 있습니다. 그는 철저히 군주를 중간 정도의 능력치를 가진 인간으로 전제하고 사유했습니다. 그가 보기에 나무랄 데 없는 성인이나 극단적인 폭군이 권력을 쥔 기간보다 평범한 군주, 평균 정도 능력치의 군주가 권력을 쥐고 있는 기간과 사례가 훨씬 더 길고 일반적입니다. 그는 직설적으로 자신의 정치사상이 바로 이런 보통 군주들을 대상으로 한다고 말했는데, 쉽게 말해 아주 뛰어난 성인이나 아주 떨어지는 백치가 아니라 평범한 능력을 지닌 사람이 군주가 되는데 누가 임금이 되더라도 국정이 효율적으로 돌아가고 누가 정치를 맡든 국가의 정치와 행정이 안정적으로 돌아갈 수 있도록 시스템을 만들어야 한다고 생각했습니다.

한비자는 무릇 좋은 말과 견고한 수레를 50리에 하나씩 배치하고 중등의 마부에게 부리게 하면 잇달아 빠르게 달려 멀리 이를 수 있어 하루에 1,000리를 갈 수 있는데 굳이 왕량(천하제일의 전설적인 말몰이꾼)과 같은 마부가 다시 태어나기를 기다리겠냐고 말했습니다. 그에게는 '정치적 시스템'과 '환경'이라는 조건을 만드는 게 중요합니다. 성인, 현자가 꼭 군주 역할을 해야 할까요? 군주가 바뀐다고 나라가 휘청거리면 되겠습니까? 앞서 세란 효율성을 위한 것이라고 이야기했는데 누가 군주를 맡더라도 국가 행정이 효율적으로 돌아가게 정치적 조건과 시스템을 구축해야 합니다. 어쩌면 동양에서 최초로 사회과학을 말하고 정치학다운 정치학을 말한 사람이 한비자가 아닌가 싶습니다. 그만큼 한비자는 천재적인 정치학자였습니다.

그가 말한 법과 신하들을 관리하는 기술만 해도 그렇습니다. 신하들을 감시하고 장악하기 위한 것만이 아닙니다. 누가 임금을 맡더라도 항상 국정이 제대로 돌아가도록 시스템을 갖춰 안정적인 정치적 조건을 확보하는 방법을 사고한 것입니다. 한비자는 조건을 활용하고 만들어내는 것에 대해 사고했습니다. 충직하고 능력 있는 신하가 어떻게 왕의 심리적 조건을 읽어 제대로 왕을 설득시켜 이상적인 정치를 위한 개혁을 할 수 있을까 고민했었지요. 그래서 한비자는 조건주의자입니다.

인

조건과 상황에서 시작하여 일을 유리하게 만들고 세를 중심으로 사유하자. 이런 문제의식이 한비자 사상의 중심에 있는데 이러한 한비자의 사유는 인으로 귀결됩니다. 조건과 상황에 따르고 그것을 잘 이용하고 활용해야만 목적을 효율적으로 달성할 수 있습니다. 상황주의자이자 조건주의자였던 한비자는 인因을 무수히 이야기했습니다.

세를 잘 따르면 나라가 안전하고 세를 따를 줄 모르면 나라가 위태롭다. 故善任勢者國安, 不知因其勢者國危.

_《한비자》〈간겁시신姦劫弑臣〉

대저 사물은 정해진 형태가 있어 사물의 형태에 따라야 하므로 그대로 따라 이끌어야만 한다. 夫物有常容, 因乘以導之, 因隨物之容.

_《한비자》〈유로〉

능력에 따라 녹을 부여한다. 因能而受祿.

_《한비자》〈외저설外儲說 좌하〉

무릇 천하를 다스리는 것은 사람들의 인정에 기반해야 한다. 凡治天
下, 必因人情.

_《한비자》〈팔경八經〉

인은 무엇일까요?《관자管子》라는 책에서는 다음과 같이 인을
정의했습니다.

인이란 자기를 버리고 사물을 기준으로 삼는 것이다. 因也者, 舍己而
以物爲法者也.

_《관자》〈심술상心術上〉

인이란 그런 것입니다. 자신의 의지와 감정, 생각을 앞세우는
게 아닙니다. 철저히 외부적 조건과 상황에 순응하고 올라타 활
용하려는 것이지요. 한비자는 군주를 설득할 때 명심해야할 것과
어려운 점에 대해 말했습니다. 내가 하고 싶은 이야기를 꺼내는
게 우선이 아닙니다. 내 마음보다 군주의 마음이 중요합니다. 군
주의 심리적 조건과 상황을 잘 보고 인해야 합니다. 내 의지와 감
정보다는 외부 환경에서 읽히는 조건과 상황, 즉 세에 순응하고
그 세를 활용해서 나의 세를 안전하게 하고 키워나가는 게 바로
인입니다.

인은 유세의 장에서 정말 중요하지요. 유세란 앞서 말씀 드린 설득입니다. '나의 의견을 받아들여 주시오', '출중한 식견이 있는 나를 중용해 주시오'라고 군주를 설득하는 것이 유세인데요. 《한비자》의 경우도 그렇고 다른 제자백가서에서도 유세에 대해 논할 때는 늘 인을 말했지요.

유세를 잘하는 사람은 상대의 힘을 이용해 자신의 힘으로 삼고 그가 오는 것을 이용해 함께 오고 그가 가는 것을 이용해 함께 간다. 바람을 따라서 소리치니 목소리를 높일 필요가 없고 높은 곳에 올라가서 바라보니 눈을 수고롭게 만들 필요가 없다. 이것이 편리한 것을 따라 이용하는 방법이다. 善說者若巧士, 因人之力以自爲力; 因其來而與來, 因其往而與往. 順風而呼, 聲不加疾也; 際高而望, 目不加明也; 所因便也.

　　　　　　　　_《여씨춘추呂氏春秋》〈신대람慎大覽 순설順說〉

《귀곡자鬼谷子》에서는 《한비자》에서보다 유세를 더욱 비중 있게 논했습니다.

모든 전략에는 방법이 있다. 그러나 그 방식을 알려면 반드시 상대의 조건을 바탕으로 해서 정보를 얻어야 한다. 凡謀有道, 必得其所因.

以求其情.

_《귀곡자》〈모謀〉

상대의 현실적인 조건과 정보를 반드시 알고 이에 순응해서, 즉 인하여 이를 바탕으로 전략을 짜고 유세해야 한다는 말입니다. 병법의 논리와 흡사하죠. 사실 인도 병가에서 기원한 것이고 손자가 처음으로 제대로 논한 것입니다. 세는 인으로 귀결되고 《귀곡자》에서 말한 대로 전략을 세우기 위한 것인데 전략적 사고의 기원은 손자이니 당연히 인에 대해 처음으로 이야기한 주인공은 손자일 수밖에요.

손자는 인을 잘해야 한다고 했습니다. 인을 잘하는 것은 늘 조건과 상황에 맞게 자신을 변화시킬 수 있는 유연성과 유동성을 가지라는 것입니다. 앞서 손자가 병형상수라며 용병은 물과 같아야 한다고 했지요. 상선약수라는 말처럼, 물과 같아야 세를 얻고 확대할 수 있으니 물이야말로 상선한 존재가 아니겠습니까?

$$\widehat{19}$$

노
자
와
세

천하에서 제일 지독하다

그 형세는 반드시 잔인한 마음과 무정한 행동에 이르게 된다. 그래
서 천하 사람 보기를 마치 흙 인형처럼 여길 뿐이다. 그 마음은 차디
차기가 얼음과 같아 사람을 죽인다 해도 불쌍히 여기지를 않는다.

_《주자어류朱子語類》

주희는 노자가 천하에서 제일 지독하며 그의 저서 《도덕경》은
권모술수에 관한 책이라고 했습니다. 저는 주희의 견해에 동의합
니다. 그런데 말입니다. 대부분의 사람은 노자에 대한 주희의 관

점이 생소하고 낯설거나 또는 불편할 것입니다.

사람들은 노자를 많이 오해합니다. 노자를 자연에 대해 예찬하는 사람, 자연으로 돌아가 문명 이전의 소박한 삶을 추구하는 사람, 인민들의 삶을 억누르지 말라고 주장한 사람, 최소 간섭주의, 불간섭주의, 아니면 무정부적 통치 상황에 대해 예찬하는 사람으로 많이 알고 있습니다. 정말 그럴까요? 아닙니다. 《도덕경》은 기본적으로 인간 세상을 투쟁의 장으로 전제하고 이야기하는 책입니다. 노자가 찬미하는 자연은 멀리서 관조하면 그저 아름답고 평화로운 세계지만 한 발 들어서면 처절한 투쟁의 공간이 됩니다. 인간세계도 마찬가지로 투쟁의 공간이지요. 이 투쟁의 공간에서 어떻게 하면 살아남을 수 있을지, 어떻게 하면 나의 조건과 상황을 늘 유리하게 만들어갈지 생각하고 거기에 대한 답을 찾으려고 치열하게 고민한 것이 노자이고, 노자의 《도덕경》입니다.

《도덕경》을 《귀곡자》와 더불어 권모술수의 책이라고 하는데, 이 책에는 살벌한 궁중 사회를 배경으로 이야기한 부분들이 많이 나옵니다. 한비자와도 문제의식을 공유하는 부분이 많은 책인 《도덕경》은 기본적으로 제왕학서帝王學書입니다. 제왕학서란 철저히 군주를 사상적 수요자로 한 책인데요. 군주는 정치투쟁의 장에서 싸우는 존재이기도 하지만 국군 통수권자이기도 하지요. 그래서 전쟁 상황을 염두해두고 군주에게 조언하는 말도 많아 병가서라고 볼 수도 있습니다. 《손자병법》에 가장 영향을 진하게 받은 책이죠.

손자 하면 세, 노자 하면 도. 손자는 지피지기知彼知己 백전불태百戰不殆를 말했고, 노자는 천장지구天長地久를 말했습니다. 손자는 언제나 위태롭지 않음을 지향한 반면 노자는 하늘과 땅처럼 장구히 가는 것을 지향했습니다. 여기서 불태나 천장지구나 똑같은 이야기입니다. 항상 내가 조금이라도 유리한 조건과 상황에 서자, 즉 세를 유지하고 도모하고 확대하자. 노자의 사상도 역시 세를 전제로 하고 있습니다. 도를 말했지만 도 자체가 목적은 아닙니다. 도는 수단이지요. 도를 수단으로 삼아 항상 내가 유리한 세를 만들어가고 실리를 도모해가자, 그게 노자의 생각입니다. 보통 도는 동양의 사상이나 예술에서 그 중심을 관통하는 근원적 원리나 원칙으로 범위를 더 좁히면 인간 사회의 올바른 길로 이야기되는데, 노자의 도는 인간이 지켜야 할 올바른 길과는 거리가 있습니다. 그의 사상을 관통하는 것이지만 가장 중요하다고는 할 수 없습니다. 천장지구하고 불태하면서 자신의 세를 유지 확대하기 위한 수단일 뿐이지요.

도가도 비상도

도라고 하면 진정한 도가 될 수 없고 명名이라고 한정짓는다면 진
정한 이름이 될 수 없다. 道可道, 非常道. 名可名, 非常名.

_《도덕경》

《도덕경》은 이렇게 시작합니다. 도라고 하면 도가 될 수 없습
니다. 이것이다 정형화하여 말하고 하나의 공식으로 이야기하면
이는 도가 될 수 없습니다. 고정화되고 정형화된 도를 수단으로
고집해서는 욕망들이 부딪치는 투쟁의 공간인 이 세상에서 살아
남을 수 없지요.

노자가 말한 '도가도 비상도道可道 非常道'는 특정하지 말라는
것입니다. 방법과 수단을, 전략과 전술을 고정시키지 말라는 것
이지요. 왜냐하면 인생의 장이든 전투의 장이든 늘 상황은 변하
니까요. 그때그때 상황에 맞게 나 역시 변화해가며 싸우고 이겨
야 하는데 '이거다 저거다'라고 단정해 그것에 목을 매면 살아남
을 수 있겠습니까? 앞서 말한 대로 늘 인해야 하는데 집착하면 인
할 수 없지요. 그럼 결국 세를 이용하고 확대해 나갈 수 없고요.

적의 형세에 따라 적절하게 다른 조치를 취해 사람들 앞에서 승리

164

를 이끌어낸다. 하지만 사람들은 어찌된 일인지 알지 못한다. 사람들은 우리가 승리하는 형세이기 때문에 이겼다고 알 뿐이지 승리하게 하는 세를 만들어낸 전략이 어떠한지는 알지 못한다. 한번 이긴 방식으로는 다시는 이길 수 없으니 늘 사태에 임해 무궁하게 변해갈 수 있어야 한다. 因形而措勝于衆, 衆不能知, 人皆知我所以勝之形, 而莫知吾所以制勝之形; 故其戰勝不復, 而應形於無窮.

_《손자병법》〈허실〉

손자가 인형이조승우중因形而措勝于衆을 말했습니다. 인형因形, 적의 형세에 따르랍니다. 적이 처해 있는 현재의 조건과 상황에 순응해서, 그것에 바탕을 두고 늘 전략과 전술을 다르게 할 수 있어야 한다는 거지요. 늘 지금의 조건과 상황에 인해야 합니다. 그래서 무궁한 변화의 수를 만들어내야 합니다. 인을 잘해서 많은 전술들을 만들 수 있어야 한다는 겁니다.

손자의 병형상수는 노자의 상선약수와 같지요. 물과 같아야 합니다. 병법에서 병력의 배치는 늘 물과 같아야 한다는데 그때그때 지형 조건에 따라 자연스럽게 움직임을 변화시키는 물처럼 군대를 부려야 합니다. 지형 조건에 인해서 유연하게 변화하는 물과 같아야 하고 그것이 최선의 용병술입니다.

물이 지형 조건에 인하듯 용병술도 적의 조건에 인해야 하는데 손자가 말하는 인은 영어로 'according to'라고 번역합니다. 영어 구문으로 설명하니 인의 의미가 더 명확하게 이해되는 분도 있을 텐데요, 늘 현재의 조건에 'according to'해서, 즉 병무상세兵無常勢! 용병에 고정된 세가 없도록 변해야 합니다. 내 움직임과 태세를 항상 고정시키면 패배할 수밖에 없으니까요.

세를 가장 먼저 논한 손자가 이렇게 인을 중시했으니 세를 중심으로 사고한 노자나 한비자 모두 인을 빼고 이야기할 수 없습니다. 인해야 세를 활용하고 많은 것을 움켜쥘 수 있으니까요. 또한 인을 말한 사상가들은 모두 변화를 강조할 수밖에 없습니다. 유가처럼 원칙과 명분, 도덕적인 신념과 이상을 고집하는 게 아니라 늘 조건과 상황에 맞추어 변화하라고 말합니다. 중요한 것은 옳음이나 정당함이 아니라 세입니다. 세를 통해 살아남아야 하니까요.

무위

노자가 말한 무위無爲는 어려운 것이 아닙니다. 일단 기존에 알고 있던 무위에 대한 설명과 이야기는 모두 노자의 무위가 아니라고 말하고 싶은데요. 아무것도 하지 않는 것, 인민과 백성들에 간섭하지 않는 것, 사람을 통제하지 않는 것 모두 무위가 아닙니다. 무위는 인입니다. 나의 의도와 감정, 내가 고집하는 원칙들을 앞세우고 그것들을 고집하는 게 아니라 조건과 상황을 철저히 이용해서 내가 더 강해지고 더 많은 것들을 움켜쥐고 내가 가진 생명과 재산, 지위, 권력을 영구히 하려는 것이지요.

학문을 하는 자는 날마다 더하고 도를 들은 사람은 날마다 덜어낸다. 덜어내고 또 덜어내어 무위에 이르니 무위하면 하지 못하는 것이 없다. 천하를 취하려 한다면 언제나 일 없음으로 해야 할 것이니 만약 일이 있게 되면, 천하를 취하기엔 충분하지 않다. 爲學日益, 爲道日損. 損之又損 以至於無爲, 無爲而無不爲. 取天下常以無事, 及其有事, 不足以取天下.

_《도덕경》

도를 들은 사람, 도를 지향하는 사람은 덜어낸답니다. 과거에 구애받지 않는다는 것이죠. 과거의 경험과 승리에 대한 기억, 과거의 전술, 전략에 집착하지 않습니다. 덜고 덜어내 무위에 이르러야 무위이무불위無爲而無不爲 할 수 있다네요. 결국 무위라는 것은 불위不爲하는 게 없는, 즉 하지 못하는 게 없는 최강자가 되기 위한 것이지요. 뒤에서 바로 말하네요. 천하를 취하려면 무사無

事해야 한다고. 섣불리 나서거나 내 의도와 주관적 감정을 드러내거나 그것들만 가지고 덤비지 말고 무위 무사해야합니다. 인해야지요. 철저히 내 밖의 조건과 상황을 이용하고 만들어야 합니다. 그래야 무불위無不爲하고 취천하取天下, 천하의 세를 장악할 수 있습니다.

　무위는 무욕이 아닙니다. 욕심이 가득한 것입니다. 더 나아가서 세상에서 가장 욕심 많은 이를 위한 것입니다. 무위를 말하는 노자를 괜히 주자가 천하에서 가장 독한 사람이라 한 것이 아니지요. 정말 독한 사람, 천하의 대세가 되고 천하의 세를 장악하고 싶은 사람에게 하는 주문입니다.

피갈회옥

손자는 나를 숨기고 나를 무로 만들 수 있어야 한다고 주장했는데, 손자의 무도 노자가 이어받았습니다. 이어받아 더욱 강조했고 현玄과 현덕玄德이라는 것도 이야기했죠. 나를 보지 못하게 내 앞에 회색 장막을 쳐야 세를 잘 이용하고 세를 불릴 수 있다는 뜻입니다.

길을 잘 가는 사람은 자취를 남기지 않고 말을 잘하는 사람은 흠을 남기지 않으며 셈을 잘하는 사람은 산가지를 쓰지 않는다. 善行者無轍迹 善言者無瑕讁 善數者不用籌策.

_《도덕경》

노자가 《도덕경》 27장에서 이런 말을 했습니다. 무철적無轍迹, 자취를 남기지 않습니다. 무하적無瑕讁, 흠을 남기지 않습니다. 꼬리를 보여주지 않고 약점과 틈을 보여주지 않습니다. 길을 잘 간다는 뜻의 선행자善行者라는 말에서 군대의 행군이 연상되기도 할 것입니다. 늘 노자는 나를 가리고 무로 만들라고 합니다. 무위하기도 해야 하지만 무하기도 해야지요. 내 의도와 감정, 속마음은 은폐해야 하고 허실을 가려야 합니다. 그래야 제대로 인할 수 있겠지요. 내 패와 카드를 보여주는 이가 차분하고 냉철하게 인할 수 있겠습니까? 또 같은 인을 한다고 해도 최대한 보이지 않게 해야 할 것입니다. 보이지 않는 곳에서 암중모색하며 전략과 전술을 짜 적을 치려고 해야겠지요. 노자는 이를 무위라고 했습니다. 무위 말고도 나를 이렇게 무하게 현하게 만드는 것도 중요합니다. 그래야 세를 장악할 수 있습니다.

노자는 피갈회옥被褐懷玉을 말했습니다. 성인은 겉으로는 베옷을 입고 안으로는 옥을 품는다고 했습니다. 옥을 보여주면 안 되지요. 내 것을 노출시켜서는 안 됩니다. 특히 나의 장기와 특기나 야심을 드러내면 안 됩니다. 삼켜야 합니다. 대신에 베옷을 뒤집 어 써야 합니다. 그래야 나를 무하게 할 수 있고 내 앞을 현하게 만들 수 있을 것입니다. 대지약우大智若愚, 대교약졸大巧若拙도 다 비슷한 말입니다. 어리석은 척, 졸렬한 척하라는 것이지요. 그래 야 내 진정한 실력과 장기를 숨기고 나를 가릴 수 있으니까요.

노자는 다언삭궁多言數窮이라는 말도 했습니다. 말이 많으면 궁 해진다는 뜻이죠. 말을 많이 할수록 나는 드러나고 무에서 멀어 질 뿐인데요. 이 말은 특히 시에서 중요합니다. 쳐내고 쳐내면서 압축시킬 수 있어야 하고, 그렇게 함축미가 있어야 시가 시다울 수 있습니다. 《도덕경》에서 노자가 강조한 무, 무위 등은 동양 미 학으로 확대되었습니다. 전쟁이나 투쟁은 동양 미학과 별개지만 노자가 말한 덕목을 계승한 건 사실입니다. 그림은 선으로, 시는 함축미로 간결하게 덜어내어 보여줘야 합니다. 늘 나를 비운 상 태에서 자연 사물에 접근해야 합니다. 즉, 내 안에 찌든 감정과 욕심을 무의 상태로 비우고 자연과 마주해야 하며 어설픈 기교를 부리려고 해서는 안 됩니다. 다언삭궁 못지않게 대교약졸도 명심 해야지요. 함부로 멋 부리려 하지 말고 자연미를 있는 그대로 반 영하고 살려야 합니다. 그리고 인해야 하지요. 자연 사물과 객관 세계는 늘 변하니 그때그때 조건과 상황을 담아 표현해야 할 것입니다.

이른바 노자병법, 병가에서 말한 덕목과 지혜가 없었으면 동양 미학은 없었을 것인데요, 손자도 노자도 변화를 이야기했습니다. 예술에서도 변화는 중요합니다. 동양 미학에서도 변화의 기운이 강하게 느껴져야 세를 얻었다고 합니다. 손자가 말한 응형어무궁 應形於無窮, 무궁한 변화의 힘이 느껴져야 하지요. 병법과 예술을 넘어 우리 동아시아인들에게 변화는 그 자체가 선이고 희망이고 꿈이며 우리들 자신일지 모릅니다. 그래서인지 《주역》은 마지막이 화수미제 火水未濟 괘로 끝나죠. 미제 未濟입니다. 끝나지 않았고 완성되지 않았지요. 그러니 어떻게 해야 할까요, 변해야지요. 그렇게 변하면서 일을 완성시키려고 해야 할 것입니다. 동양 미학을 살펴보면서 이에 대해 더 논해보겠습니다.

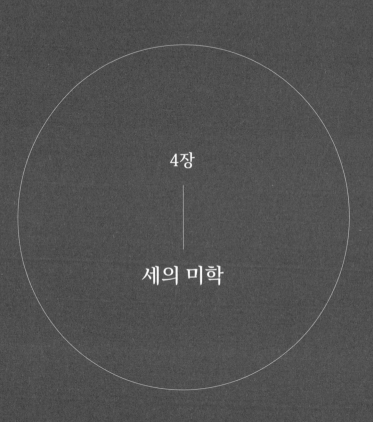

4장

───

세의 미학

좋은 조건의 땅

풍수와 세 1

수복강녕

우리 조상들은 좋은 조건의 땅을 찾으려 애썼습니다. 산 자의 공간이든 죽은 자의 공간이든 좋은 조건의 공간을 찾아 머무르려고 애썼지요. 흔히 풍수하면 묏자리 명당을 찾으려는 동양의 잡술로 인식하지만 사실 그렇지 않습니다. 풍수란 최대한 좋은 조건의 땅에서 살면서 수복강녕을 누려보고자 하는 소망에서 나온 학문입니다. 좋은 조건의 땅에 살려는 산 사람들의 몸부림에서 나온 것이지요.

자, 좋은 조건의 땅은 좋은 세의 땅일 텐데요. 앞서 말한 바와 같이 풍수도 적잖이 병법에 빚을 지고 있습니다. 전쟁에서는 얼마나 좋은 조건의 땅을 선점하느냐에 따라 승패가 갈릴 뿐만 아니라 주둔 문제도 있었기에 땅의 조건이 중요했습니다.

주둔지는 도시, 마을로 기능해야 합니다. 좋은 조건의 땅은 잘 싸우게만 해주는 게 아니라 잘 먹고 잘 자며 재충전을 잘하도록 도와줍니다. 살기 좋은 땅은 주둔하기 좋은 땅일 확률이 크고 또 주둔하기 좋은 조건의 땅이 살기 좋은 땅일 확률이 큽니다. 이는 풍수에 크게 영향을 주었지요.

병법과 풍수

겨울에는 높은 곳에 진을 치고 여름에는 낮은 곳에 진을 치는 적은 반드시 이길 수 있다. 冬軍軍於高者, 夏軍軍於埤者, 此其勝也.

_《오자병법》

높은 곳은 겨울에 강한 바람에 시달리기 쉽고 낮은 곳은 여름에 습기에 시달릴 수 있으니 피해야 겠지요. 《오자병법》에서는 겨울에 높은 곳에 주둔하고 여름에 낮은 곳에 진을 친 적은 어리석은 적이므로 무조건 치라고 했습니다. 이런 땅에서는 병사들이 쉬지 못하고, 습기 때문에 한번 병이 나면 싸우기도 전에 기운이 빠질 수 있습니다. 이렇게 땅의 세를 보지 않고 군대의 주둔지를 설정하면 너무도 불리한 조건에서 세를 잃은 채 싸울 수밖에 없습니다. 그렇기에 손자와 손빈을 비롯한 병법가들은 어떤 입지 조건에 주둔지를 마련해야 할지 논했습니다.

평탄한 지역에서는 군이 움직이기 쉬운 곳에 위치해야 하는데 오른편 배후가 높아야 하며 앞은 낮고 뒤는 높은 곳을 등지도록 군사를 배치해야 한다. 이것이 평지에서 군대를 부리는 방법이다. 平陸處易, 右背高, 前死後生, 此處平陸之軍也.

_《손자병법》〈행군行軍〉

남쪽에 진을 칠 수 있는 산은 살아 있는 산인 반면에 동쪽에만 진을 칠 수 있는 산은 죽어 있는 산이라 할 수 있다. 동쪽으로 흐르는 강은 살아 있는 하천이며 북쪽으로 흐르는 강은 죽은 하천이다. 南陣之山, 生山也. 東陣之山, 死山也. 東注之水, 生水也. 北注之水, 死水.
진을 칠 때에는 높고 낮음에 따라 다섯 가지의 우월한 지형이 있는데 산이 높은 언덕보다 좋고, 높은 언덕은 낮은 언덕보다 좋고, 낮은 언덕은 야트막한 둔덕보다 좋고, 둔덕은 숲이 우거진 평지보다 좋다. …… 토양도 그 우열을 비교할 수 있다. 이는 전차나 기마의 기동이나 물자의 이동에 영향을 미치기 때문이다. 청토는 황토보다 낮고 황토는 흑토보다 낮고 흑토는 적토보다 낮고 적토는 백토보다 낫다. 그러나 백토는 청토보다 낫다. 五地之胜曰: 山胜陵, 陵胜阜, 阜盛陈丘, 陈丘胜林平地. …… 五壤之胜: 青胜黄, 黄胜黑, 黑胜赤, 赤胜白, 白胜青.

_《손빈병법》〈지보 地葆〉

이렇게 좋은 입지에 주둔지를 정하고 진을 치라는 병가의 지혜는 풍수에도 영향을 주었는데요. 풍수에서 무엇보다 중요한 것은 산세입니다. 마을 터를 산이 얼마나 막아주고 가려주느냐 같은 조건이 중요합니다. 산이 방어와 엄폐에 유리하게 기능하는 조건의 땅을 장풍형의 명당이라고 하는데 병법가들이 말하는 이상적인 장기 주둔지와 조건이 아주 유사하지요. 이건 뒤에서 산세를 말할 때 자세히 논하겠습니다.

풍수의 전제, 기

풍수는 기氣 일원론을 전제로 합니다. 기로써 세상의 모든 존재와 변화가 설명된다는 것이지요. 이는 뒤에서 동양화를 이야기할 때도 전제가 되는 것입니다.

우리 동양인은 그리고 풍수는 자연을 기라고 봅니다. 기는 자연과 모든 공간을 가로질러 끊임없이 흐르면서 모든 존재를 생성하고 변화를 이끌고 위대한 운행을 만들어냅니다. 항상 우주와 세계에 관통하는 힘의 근원에 기가 있고 그것이 순환하고 흐르면서 만물이 형성됩니다. 우리 동아시아인들은 그렇게 세계를 보고 설명했지요.

모든 실재의 기원에 기가 있습니다. 끊임없이 순환하고 모이고 흩어지며 만물을 생성하는 기. 만물에 실재하고 활력을 불어넣어 주는 생명의 숨결이자 생명의 본질이 바로 기입니다. 우리를 둘러싼 만물과 객관 세계는 기의 흩어짐과 모임이 순환하는 것에 따른 결과물일 뿐입니다.

그런데 생명이 기운이자 본질인 기가 모인 곳이 있습니다. 특히 활기찬 에너지이자 생명의 기운인 생기生氣가 모인 장소가 있습니다. 그것이 강력하게 집중된 곳이 좋은 조건의 땅이고 훌륭한 지세의 땅입니다.

땅에는 집터 또는 묏자리로 적합한 길지와 부적합한 흉지가 있답니다. 생기가 고여 있는 곳이 길지입니다. 길지를 차지해 옳게 쓰는 사람은 복을 받습니다. 생기가 모여 있느냐 없느냐를 보는 것이 가장 중요합니다.

사람이 트림을 하듯 천지의 사이에서 기가 뿜어져 나오면 바람이 되고, 바람이 구름이 되고, 구름들끼리 싸우면 천둥이 되고 구름이 내려오면 비가 된답니다. 마지막으로 비가 땅으로 스며들면 생기가 된다고 합니다. 그 생기가 땅속에서 흘러 다니다가 특정 지점에 고이게 되는데, 그곳이 바로 명당입니다. 기가 고여 있는 땅을 찾아야지요. 반대로 생기 없는 땅은 흉지입니다. 그런 땅은 피해야겠지요.

아무 곳에나 생기가 고여 있을 리 없지요. 생기가 고여 있는 땅인지 아닌지 좋은 기운을 간직한 땅인지 아닌지 판별하는 기준, 원칙이 있습니다. 사와 수, 용과 혈입니다. 이를 기준으로 명당을 찾고 길지인지 흉지인지를 판단합니다.

기로 만물이 만들어지고 온 우주에는 기가 관통하여 흐릅니다. 만물을 생해내는 기. 명당은 그러한 기, 특히 생기가 모여 있는 땅이라고 했습니다. 생기가 고여 있는 좋은 조건의 땅을 찾을 때 필요한 사, 수, 용, 혈에 대해 알아보겠습니다.

사砂는 산입니다. 산세를 살피는 것이지요. 흔히 말하는 좌청룡 우백호. 땅 주변의 산의 배치를 살피는 것으로 이를 살피는 요령을 장풍법藏風法이라고 합니다.

수水는 물입니다. 수세를 보는 것이지요. 물길의 형세와 그것이 들어오고 나가는 방향을 보는 것인데, 이를 득수법得水法이라고 합니다.

혈穴은 명당의 터 중에서도 가장 땅의 기운이 집중된 지점을 찾는 것인데 양택이라면 집터를 찾을 때, 음택이라면 시신이 놓일 장소를 정할 때 그 혈을 찾아야 합니다. 이를 정혈법定穴法이라고 합니다.

용龍은 생기가 얼마나 고여 있는지 보는 데 있어 가장 중요한 것입니다. 생기는 산과 산의 줄기가 결정합니다. 산의 줄기와 맥을 잘 봐야 하지요. 산과 산의 줄기를 용이라고 하는데, 그 산줄기를 통해 기가 흐른다고 합니다. 전선 연결이 되어 있지 않거나 끊어진 집에서는 전기를 사용할 수 없고 결국 사람 또한 살 수 없듯 산줄기가 살아 있어야 합니다. 혈관이 막혀 피가 흐르지 못하면 생명체는 죽고 말지요. 이처럼 기가 흐르는 줄기이자 선인 용이 중요한 것이고 이를 잘 살펴봐야 합니다. 용을 보는 요령을 간룡법看龍法이라고 합니다. 《의룡경撼龍經》,《감룡경疑龍經》이라고 하여 용만 살피고 논하는 풍수 경전이 따로 있을 정도로 용이 살아 있느냐 죽어 있느냐를 잘 판단하는 게 풍수에서 특히 중요하지요.

장풍법

백두산에서 시작된 정기가 굽이쳐 내려와 명당을 만날 즈음 어떤 산을 만납니다. 그것이 바로 주산 主山입니다. 그 산을 풍수에서는 어머니 산이라고 합니다. 어머니의 오른팔이 바로 우백호이고 왼팔이 좌청룡입니다. 하지만 이것만으로는 부족합니다. 어머니를 도울 유모가 앞에 있어야 합니다. 바로 안산 案山입니다. 안산 앞에는 병풍이 있어야 하는데 바로 조산 朝山입니다. 이렇게 있어야 할 산들이 모두 있어야 산세를 갖춘 좋은 조건의 땅이라고 합니다. 생기가 모여 있을 가능성이 커지는 것이지요.

풍수의 시조인 진나라 곽박의 저서에 의하면 좋은 땅은 생기에 의지해야 하는데, 이것은 바람을 타면 흩어져버린다고 합니다. 그렇기에 바람을 가둘 산들이 있어야 하지요. 정확히 말해 흩어지고 사라져가는 바람을 끌어들여 가둘 수 있어야 생기가 유지된다고 합니다. 이때 주산인 현무가 있어야 하고 좌청룡, 우백호, 남주작이 있어야 하는데, 이 산들은 나를 지키는 담장, 더 정확히 표현하자면 호위무사라 할 수 있습니다.

주산을 현무, 안산을 주작이라고 합니다. 주산에서 왼쪽으로 뻗어 나와 혈을 감싸고 있는 산을 청룡이라 하고 오른쪽으로 뻗어 나와 혈을 옹위하는 산을 백호라고 하는데 북현무, 남주작, 좌

▶ 북현무, 남주작, 좌청룡, 우백호를 합쳐 '사신사'라고 한다.

청룡, 우백호를 합쳐 사신사四神砂라고 합니다. 네 명의 호위무사
지요. 사신사가 호위하고 있는 명당은 여러 긍정적인 조건을 지
닌 땅입니다. 개방되지 않고 막혀 있어 밖에서 잘 보이지 않아 방
어에 유리합니다. 외부 침입을 덜 받을 수 있을 뿐더러 주민들에
게 아늑함을 주지요. 무엇보다 중요한 것은 산이 삭풍을 막아주
는 기능을 한다는 것이지요. 한국처럼 혹한이 심한 기후에서는

겨울 삭풍을 견딜 수 있도록 바람막이 역할을 하는 기능도 중요합니다.

득수법

산이 있어야 겨울 삭풍을 피할 수 있고 방어도 할 수 있고 땔감과 짐승의 고기도 구할 수 있습니다. 사신사, 장풍법에서 말하는 산은 인간 삶의 조건입니다. 그런데 물도 산 못지않은 인간 삶의 조건이지요. 땅의 조건을 볼 때 '땅 위에 물'이라는 조건을 반드시 봐야 합니다. 땅이 물과 시내, 강을 끼고 있느냐 아니냐를 가늠하는 것이 득수법입니다.

명당은 강과 시내를 끼고 있어야 합니다. 땅이 품고 있는 물을 명당수라고 하는데, 이 명당수가 있어야 식수와 농업용수를 얻을 수 있고 적절한 습도가 유지될 뿐더러 인간이 배출하는 각종 폐수가 정화됩니다. 풍수에서는 수세水勢라는 것이 있습니다. 강과 내가 흘러가는 모양과 속도라는 조건을 보면 그곳 사람들의 성정과 인심을 알 수 있다고 합니다. 그곳에 사는 사람들의 길흉과 재물의 축적 정도도 알 수 있다고 하고요. 그래서 단순히 시내와 강이 있는 걸로 족한 게 아니라 좋은 모양, 좋은 수세의 강과 시내를 끼고 있어야 진정한 명당이라고 하지요.

간룡법

풍수에서 산을 용龍이라고 합니다. 땅 안에 존재하는 생명의 기운을 산맥이 운반합니다. 이때 생기가 움직이는 통로로서의 산이나 산맥을 용이라고 하지요. 풍수에서 가장 중요한 것이 바로 이 용을 보는 간룡법입니다. 용의 기운이 죽어 있는지 살아 있는지 봐야 하는데 특히 살아 있는 용, 생룡生龍이 기를 운반하고 공급하는 조건의 땅을 찾아야 합니다.

　그런데 왜 지기地氣를 운반해주는 산을 용이라고 했을까요? 용이 원래 기를 상징하는 말이었기 때문입니다. 용은 끊임없이 변하며 에너지를 불어넣는 기의 속성을 잘 드러내는 상징이고 이미지였습니다. 용은 수신水神으로서 비를 내려주기에 생명의 기운을 대지에 내려주는 수호신이자 변화무쌍한 이미지를 지닌 상징물이었지요. 산과 산맥은 직선으로 이어졌다 곡선으로 이어졌다 불쑥 솟기도 하고 꺼지기도 합니다. 그런 모습을 표현하는 데 가장 적합한 상징물이 용이었습니다. 그래서 산과 산맥의 모습을 보면서 얼마나 기운이 센 용의 모습을 하고 있는지 살펴봐야 합니다. 그래서 용의 세를 따져 땅의 조건을 감별하는 풍수법을 간룡법이라고 한 것입니다.

그런데 풍수에서 말하는 산의 개념은 우리가 말하는 산山과는 다릅니다. 주위보다 한 자만 높이 솟아 있어도 기가 흐를 수 있다고 보아 이를 용이라고 하는데요. 논두렁, 밭두렁에도 지기가 흐른다고 하지요. 작고 미약해서 그렇지 두렁도 산이고 용인 셈인 것이지요.

산으로 용으로 기가 흐릅니다. 기의 도로이고 혈관입니다. 차가 다니고 물자가 다니는 도로가 막히면 안 되지요. 기가 흐르는 경락과 영양소와 산소가 다니는 혈관이 막히면 안 됩니다. 힘차게 차가 다니고 피가 순환해야 하므로 에너지가 다니는 통로인 용이 살아 있어야지요. 산줄기를 살필 때 먼저 그 산줄기가 밝은 빛을 띠고 있는지, 뻗어 내려오는 모양이 생동감 있고 힘찬지 밝혀야 합니다. 산줄기가 밝은 빛을 띠고 있고 뻗어 내려오는 모양이 생동하고 힘차면 생룡이라고 합니다. 앞서 말한 사신사의 어머니 산, 으뜸산이자 주산인 북현무까지 내려오는 산줄기가 살아 있어야 합니다. 그리고 다시 그 주산에서 그 마을의 중심, 즉 명당의 중심인 혈장까지 이어지는 산줄기 역시 살아 있어야 합니다. 둘 중 하나라도 생룡이 아니라 죽은 용이면 명당이라 할 수 없습니다. 좋은 세의 땅이 아니지요. 이렇게 좋은 지세의 땅은 생룡이라는 조건이 결정적인데 산줄기, 산맥, 산을 보고 용이 있는지 없는지, 그 용이 죽어 있는지 살아 있는지 볼 수 있어야 합니다. 용이 존재해야 세가 있는 것이고 용이 살아 있어야 세가 강한 땅이고 득세, 취세를 한 땅입니다.

예술 작품 가운데 특히 그림에서 그 안에 강한 기운과 생명의 힘이 느껴질 때 세를 얻었다, 세를 만들어냈다고 하는데 때로는 그림 안에 용이 있다, 용을 얻었다고도 하지요. 예술 작품의 수준과 경지를 논할 때 용의 개념을 분명히 알아야 동양의 예술 세계도 이해하실 수 있습니다.

22

풍수와 세 3

모든 사물은 상이 있다

형국론

땅을 볼 때 땅을 둘러싼 산과 땅을 서로 분리해서 보면 안 됩니다. 산 따로 땅 따로 보는 게 아니지요. 산과 산이 감싸고 있는 땅을 같이 봐야 하고, 땅과 땅을 둘러싼 산 그리고 그 앞과 주변의 지형지물까지 같이 놓고 보아야 합니다. 땅과 주변을 모두 총체적으로 보면서 판단할 수 있어야 하는데, 그때 산과 땅의 모양을 의인의물화해 보면 좋다고 합니다. 사람, 짐승, 조류, 파충류, 여러 가지 물체에 빗대어 보는 거지요. 그러면서 좋은 땅인지 나쁜 땅인지, 어디에 어떻게 쓰고 활용하면 좋은 조건의 땅인지 보는 건데요. 그렇게 의인의물화해 산을 포함한 땅의 모양과 외형을 볼 수 있어야 합니다.

당나라의 유명한 풍수가 복응천卜應天이 말했습니다. 모든 존재는 인人, 물物, 금禽, 수獸 네 가지 유형으로 나눌 수 있는데, 땅도 그렇게 네 가지로 나누어 볼 수 있답니다. 땅의 형태와 모양을 사람, 물체, 날짐승, 들짐승의 형상에 유추하여 땅의 조건을 보고 길흉을 판단하는 것이 바로 형국론形局論입니다.

앞서 사와 수, 혈, 용 이렇게 네 가지 항목으로 땅이 길지인지 아닌지 좋은 세의 땅인지 아닌지 판단한다고 이야기했습니다. 그런데 막상 현장에서는 그 기준으로 판단하는 게 말처럼 쉽지 않습니다. 직접 그 지역에 가보면 문헌과 이론에서 배운 대로 쉽사리 판단이 안 되는 경우가 많은데, 그럴 때 어떤 새 모양과 흡사하다, 무슨 길짐승 모양의 땅이다. 어떤 사람과 같은 형국이다 등을 판단하여 세를 얻었는지 보는 것이지요. 풍수의 형국론 역시 병가에서 가져온 방법입니다.

세 가지 전제

형국론은 세 가지를 전제하고 있습니다. 자연은 살아 있다. 그리고 주술적인 기능을 한다. 마지막으로 모든 사물은 상을 가지고 있다는 것입니다.

자연은 살아 있습니다. 땅도 살아 있고요. 그러니 사람, 생물에 유추해 보는 거지요. 그런데 단순히 살아 있는 게 아니라 일정한 형상을 가지고 인간들에게 주술적인 힘을 행사하고 있다고 합니다. 특히 특정한 사물, 생물의 형태를 하고 있고 그것이 뚜렷하게 보이면 강한 생명력을 내포하고 주술적인 힘을 강하게 발휘한다고 합니다.

모든 땅은 정도는 다르지만 살아 있는 생명체나 사람들이 쓰고 있는 여러 기구에 비교 가능한 모양과 일정한 형상을 가지고 있습니다. 그리고 모양과 형상에 맞는 힘과 기능을 발휘합니다.

그런데 땅을 볼 때에만 사물이나 살아 있는 생물 모양에 유추하고 닮았는지 살피는 게 아닙니다. 인간의 관상을 볼 때도 그렇습니다. 원숭이 상, 시라소니 상, 산양 상 등 사람도 특정 동물이나 사물에 의물화해 관상을 판단하지요. 동양은 원래 그런 방법으로 외부 대상을 판단할 때가 많습니다. 모든 사람과 사물엔 고유의 이理, 기氣, 상相이 있는데 특히 외부로 드러나는 상을 보면 그 안에 내재된 기상과 기운을 볼 수 있다는 겁니다. 산과 땅도 마찬가지로 상이 있고, 이는 곧 외적인 모양과 꼴로서의 형인데 특정한 형으로 판단되면 그 안에 있는 힘과 기운을 읽을 수 있다는 거지요.

봉이 김선달

와우蝸牛형 누워 있는 소 형국.

잠두蠶頭형 누에머리 형국.

장군대좌將軍大坐형 장군이 마주 보고 앉아 있는 형국.

행주行舟형 배가 둥둥 떠가는 형국.

청학포란靑鶴抱卵형 푸른 학이 알을 품고 있는 형국.

금계포란金鷄抱卵형 금빛 닭이 알을 품고 있는 형국.

옥녀산발玉女散髮형 옥녀가 머리를 풀어헤친 형국.

옥녀탄금玉女彈琴형 옥녀가 가야금을 연주하는 형국.

비룡등천飛龍登天형 나는 용이 하늘에 오르는 형국.

비룡농주飛龍弄珠형 나는 용이 구슬을 가지고 있는 형국.

연화부수蓮花浮水형 연꽃이 물 위에 떠 있는 형국.

매화낙지梅花落地형 매화가 땅 위에 떨어져 있는 형국.

노서하전老鼠下田형 쥐가 밭에 먹이를 찾아 내려온 형국.

맹호출림猛虎出林형 호랑이가 숲에서 뛰어나오는 형국.

평사낙안平沙落雁형 평평한 사장에 기러기가 내려와 앉은 형국.

특정한 형에는 어떤 기운이 있습니다. 그것이 바로 세인데 형이 있으면 세가 있는 것이지요. 그리고 형마다 다른 기능을 합니다. 왜냐하면 형마다 세가 다르니까요.

풍수도 마찬가지입니다. 형이 좋으면 세가 있는 것이고 형에 따라 다른 기능이라는 조건을 가집니다. 그런데 우선 중요한 게, 형이 성립하고 그럴듯한 외적 형태를 가진 땅이어야 한다는 겁니다. 제대로 된 형이 없으면 편제와 대형이 무너진 군대의 모습과 같을 겁니다. 오합지졸, 지리멸렬한 군대의 모습과 같을 것인데요. 형이 없거나 형이 있어도 그것이 망가진 땅은 세가 없는 땅이고 기운이 없는 땅이겠지요. 생기가 없는 땅은 명당이 될 수 없습니다.

평양은 행주형의 땅이었습니다. 형국론의 입장에서 관찰해보면 떠다니는 배 모양의 땅이었죠. 그래서 행주형의 땅이라고 했고 우물을 파는 게 금지되었습니다. 우물을 파면 배에 구멍을 뚫는 것인데 그럼 어찌 되겠습니까? 배가 가라앉겠지요. 떠다니는 배의 세가 사라져버릴 것입니다. 세를 잃은 배는 힘이 빠져버릴 것이고 제대로 기능하지 못할 것입니다. 그래서 봉이 김선달이 대동강 물을 팔 수 있었던 겁니다. 물지게를 지고 오는 사람들에게 미리 돈을 주고 자신에게 돈을 주고 물을 떠가는 것으로 연기를 하라고 입을 맞춰놓고는 외지인 앞에서 그런 모습을 연출했습

▶ 행주형은 떠다니는 배 모양의 땅을 말하는 것으로 한반도에서는 평양의 지형이 이에 해당한다.

니다. 그러면서 자신이 대동강의 주인인 것처럼 행세했습니다. 평양이 행주형의 땅이라 우물을 팔 수 없는 곳이었기에 가능한 연극이었지요. 행주형의 땅이 아니라서 우물을 파는 게 금지되지 않았다면 굳이 힘들게 물지게를 지고 대동강까지 와서 물을 길어다 먹을 이유가 없었겠지요.

행주형만 있는 게 아닙니다. 와우형, 잠두형, 장군대좌형, 청학포란형, 금계포란형, 비룡농주형, 연화부수형……. 위에서 열거한 대로 여러 모양의 땅이 있고, 형을 갖춘 땅을 세를 갖췄다고 합니다. 명당이라는 것이지요. 그렇기에 땅을 바라보면서 어떤 사물, 어떤 동물, 어떤 사람의 모양을 했는지 잘 관찰해 판단을 내리는 게 중요합니다. 특정한 사물과 사람, 짐승의 형태를 하고 있으면 명당일 가능성이 높다고 판단할 수 있습니다.

경상북도 안동시 임북면 미질동 수다산에는 고성 이씨 조상의 묘가 있는데 그곳이 와우형의 명당이라지요. 누워 있는 소 모양의 명당인데요, 이 묘를 쓰고 나서 6대에 크게 발복해 후손 중에서 크게 벼슬한 이들이 많았답니다. 그런데 정작 그곳에 사는 백성들의 고통은 커졌다고 합니다. 고관대작들이 자주 행차합니다. 백성들은 높으신 분들을 맞을 준비를 계속해야 하니 원성이 자자했다는데요, 풍수에 능했던 어떤 승려가 이들의 불평을 듣고 글쎄 백성들에게 귀띔을 해주었습니다. 안산에 있는 바위 하나를 깨부수라고요. 그 바위는 누워 있는 소의 소죽 역할을 하는 것이었습니다. 그 바위가 깨지면 소죽은 사라지는 것이고 소죽을 잃은 소는 배를 곯게 되어 결국 명당으로 기능하지 못하게 되지요. 바위를 깨서 와우형 명당의 형이 일그러졌고 결국 명당의 세가 사라지게 되는데, 바위를 깬 이후 고성 이씨 가문에서 벼슬하는 사람들이 나오지 않게 되었답니다. 하지만 그것을 나중에 알아차린 고성 이씨들이 부서진 바위를 다시 붙여 놓았습니다. 와우형 명당이 회복된 셈이지요. 결국 그 명당은 다시 세를 얻게 되어 그 가문에서 벼슬한 인물들이 다시 나오기 시작했다지요.

전체 대형이 망가지거나 이탈한 부분이 생기고 그래서 특정한 모양이 흐트러지면 그곳은 명당으로 구실을 못하게 됩니다. 마치 군대가 대형과 편제를 가지고 특정한 진법의 형태로 싸우는데 이탈하거나 파괴된 부대가 생겨 전체 군대의 대형과 꼴이 어그러진 경우에 비할 수 있겠는데요. 군대는 대형이 흐트러지고 간격이 어긋나고 편제에 균열이 생기면 전투력을 상실하고 힘을 쓰지 못하지요. 괜히 특정한 대형대로 특정한 진법대로 실전에서 싸우기 위해 사전 훈련을 무수히 거듭하는 것이 아닙니다. 이는 어떤 상황에서도 대형을 유지하고 진법대로 싸우기 위해서인데 꼴과 형태를 만들고 그것을 유지하는 것, 그것이 군대의 힘을 좌지우지하지요. 풍수도 마찬가지입니다.

23

세
와
용

기의 통로

전기電氣와 전선電線. 발전소에서 만들어진 전기가 고압선을 통해 1차 변전소, 2차 변전소로 흐릅니다. 다시 변전소에서 변압기로 흐르고 변압기에서 가정이나 사업장의 안전계량기로 흐르는데 풍수에서 말하는 태조산이 바로 발전소입니다. 태조산에서 보내는 기를 이어받아 매개하는 중조산과 소조산이 1차, 2차 변전소라 할 수 있습니다. 그리고 현무봉, 명당에 직접 기를 쏘는 주산을 계량기라 할 수 있지요. 집 안에 전기가 흐르면서 전구를 환하게 밝히는데, 여기서 전구를 혈이라 이해하셔도 되고 전기로 돌아가는 집 전체를 혈이라고 보셔도 됩니다.

풍수만이 아니라 다른 예술 영역과도 관련된 이야기인데요. 산맥은 전선과도 같은 것인데 전선을 따라 전기가 흐르듯 산맥을 통해 기가 흐릅니다. 산맥을 용맥이라고 하는데 전선이 중간에 끊기면 전기가 끊기듯이 용맥도 마찬가지입니다. 용맥이 끊기면 기를 받을 수 없어 혈이 생기지 못하거나 사라지게 됩니다. 용이 부실한 경우에도 소용없습니다. 전선이 끊어지지 않아도 부실하거나 누전되면 전기를 얻을 수 없는 것처럼 기가 흐르는 선인 용, 용맥이 부실하면 절대로 명당이 만들어질 수 없습니다. 용, 용맥이 땅의 세를 결정하는 데 있어 가장 중요한 조건입니다.

어쩌면 아기를 잉태한 어머니로도 설명할 수도 있겠네요. 발전소가 되는 태조산은 모체 태반이라고 할 수 있고 태아는 명당, 명당의 혈이라 할 수 있습니다. 태아는 탯줄을 통해 어머니에게서 영양분을 받아 성장하는데 탯줄을 용이라고 보면 되겠네요. 풍수에서 산맥, 능선은 탯줄과 같은 것입니다. 탯줄이 있어야 아기가 성장해나갈 수 있듯이 용이 있어야지요. 용이 있어야 세가 있습니다.

천변만화 변화무쌍

풍수지리에서 기가 흘러 다닌다는 산맥, 산의 능선을 왜 용이라고 했을까요? 용은 상서로운 동물이고 숭상받는 동물이었기 때문입니다. 동아시아인들은 용이 비를 내려준다고 믿었지요. 용 덕분에 농경을 하며 살 수 있다고 생각했고 그런 이유로 용은 줄곧 동아시아에서 숭상받았습니다. 그런데 용을 숭상한 더 근본적인 이유는, 결정적으로 용이 변화를 상징하던 동물이었기 때문입니다. 용은 변화를 통해 온 세계에 생명 에너지를 불어넣어주던 신과 같은 존재였고 풍수에서 기와 생명력을 공급해주는 존재였습니다.

용은 그 변화가 무궁무진합니다. 바람과 구름과 비를 일으키고 하늘을 날거나 구름을 뚫고 커다란 강과 호수, 바닷물 속에 숨기도 하지요. 그러다가도 갑자기 용솟음쳐 커다란 물보라와 바람을 일으킵니다. 이렇게 용은 천변만화千變萬化하는 존재로 무한한 변화 그리고 생명력을 상징합니다. 산맥의 흐름과 연결 모양이 마치 용과 같이 변화무쌍하기에 옛글에서는 다음과 같이 표현했습니다.

용을 왜 산맥이라고 부르고 龍者何山脈也

산맥을 왜 용이라 일컫는가 山脈何以龍名

대개 용은 씩씩하고 활발하기 때문이다 蓋因龍天矯活潑

변화를 측정하기 어렵고 變化莫測

갑자기 숨었다가 갑자기 나타나고 忽隱忽現

갑자기 커지다가 갑자기 작아지고 忽大忽小

갑자기 동에 있다가 갑자기 서에 있고 忽東忽西

갑자기 깊은 연못 속에 숨어 있다가 忽而潛藏深淵

갑자기 하늘의 구름 위를 날아다닌다. 忽而現首不現尾

갑자기 구름을 일으켜 비를 뿌린다. 忽而興雲佈雨

이와 같이 산맥 역시 그러하기 때문이다. 而山脈亦然

항상 변화합니다. 정말 변화무쌍해서 언제 어디서 어떻게 변할지 모르지요. 산맥과 산의 능선도 변화합니다. 단조롭기보다 변화가 심할수록 좋은 용이라고 합니다. 변화가 심한 산의 능선이 좋은 용이고 좋은 세의 땅, 명당을 만들어주지요.

용은 에너지다

변화의 상징인 용은 에너지와 생명력의 상징이기도 합니다. 용은 자신의 몸을 휘어 에너지를 집중시키고 앞으로 더 잘 전진하기 위해 똬리를 틉니다. 보고 있노라면 항상 또 다른 형태로 변할 것 같고 산으로 바다로 연못으로 구름 위로 이동할 것 같습니다. 특히 하늘로 오르고 구름을 뚫을 것 같습니다. 이런 용의 모습을 보면 늘 도약력이 잠재된 듯 보이지요. 용솟음이란 말도 늘 도약할 것 같은 힘을 보이는 용에서 기원한 말입니다.

늘 변화하고 역동적이며 용솟음치는 기운을 지닌 용. 용은 용솟음치고 변화하며 존재하는 공간을 바꿀 때마다 온 세계에 에너지를 주지요. 세계에 진동을 주고 세계를 울리게 합니다. 그렇게 용이 온 세계에 영기를 불어넣고 기를 충만하도록 하기 때문에 용이 숭상받는 동물이 된 것이고 풍수뿐만 아니라 회화에서도 중시하게 된 것입니다. 그림 안에 용솟음치는 기운을, 역동적인 힘을 담아야 합니다. 풍수처럼 그림도 용을 얻어야 하는데 그럴 경우 역시 세를 얻었다고 하지요.

용의 상징성과 이미지는 예술과 미학에서 정말 풍부하게 활용되었습니다. 동아시아에서 가장 풍부하게 활용되는 상징으로 창조, 창작을 하는 예술 영역에서 중시했지요. 창작의 과정에서 세를 얻고 취해야 할 때 용이 많이 활용되었습니다. 팽팽한 긴장감과 역동적인 모습이 무한히 변주되고 무한히 지속될 것 같은 변화의 기운, 거기에서 느껴지는 활력과 아우라. 그런 모습이 보여

▶ 동아시아 예술에서 용은 '우주적' 에너지와 힘을 유입하는 결정적인 장치로 활용됐다. 베트남 다낭 린응사靈應寺 입구 계단의 용 석상.

야 하고 그런 기운이 느껴져야 합니다. 동아시아에서 용은 세를 얻기 위한 미학적 요소를 뛰어넘어 결정적인 미학적 장치였다고 할 수 있습니다.

　여기서 다시 한 번 기 일원론적 세계관에 대하여 이야기해 보겠습니다. 우주는 기로 이루어져 있고 기가 모이고 흩어짐에 따라 모든 사물과 생명체도 만들어지는데, 용이 기를 불어넣어줍니다. 그리고 용의 꿈틀거리는 모습, 용의 동선, 물결치는 것 같은 용의 움직임을 보면 단순히 기가 느껴지는 게 아니라 기가 흐르고 순환하는 통로를 느낄 수 있습니다. 회화, 특히 풍경화에서 기가 느껴지고 기가 흐르는 동선과 궤적이 느껴지도록 물결치는 모습과 힘찬 선의 묘사를, 변화무쌍한 곡선과 높고 낮게 변화하는 산맥과 산 주름을 표현해줄 수 있어야지요. 이런 표현 기술 역시 모두 용과 관련된 것입니다.

이러한 것이 표현되었을 때 단순히 그림이 세를 얻은 것을 넘어 기로 충만해 있다, 어떤 우주적 에너지가 느껴진다, 우주적 힘이 유입되었다고 하는데 이런 경우 예술 작품으로서 최고 수준에 이르렀다 할 수 있습니다. 예술 작품에서 우주적 맥박, 우주적 힘을 느낄 때 우리는 자연과 하나가 되어 무한히 나를 고양하게 됩니다.

24

쉬지 않고 계속 창조한다

그림과 세 1

풍수와 그림

동양 회화를 이야기하기 전에 풍수와 기에 관하여 조금 더 이야기해보겠습니다.

세계는 기입니다. 기가 세계의 유일한 본질이고 요소입니다. 그리고 우리는 세계를 기라는 창으로 보고 느낍니다. 특히 세계에 관통되고 있는 큰 줄기로서의 기를 느껴보면 좋습니다. 기는 무한히 순환합니다. 앞서 땅에서 산맥과 산의 능선을 통해 기가 흐르고 순환하며 어디엔가 뭉쳐 있다고 했는데 이를 잘 파악할 수 있어야 풍수를 보는 것이고 풍수의 대가가 될 수 있습니다. 그림도 마찬가지입니다, 기로써 세계를 보고, 세계가 어떻게 흐르고 어떤 줄기와 통로를 통해 순환하고 뭉쳐 있는지를 파악해 이를 그림에 표현할 수 있어야 합니다.

기는 생명의 원천입니다. 순환하고 흐르며 만물에 숨을 불어넣습니다. 기가 흐르면 우리는 생명의 고동을 느낄 수 있고 그것과 일체감을 느끼며 무한한 충만감에 행복해질 수 있습니다. 풍수도 회화도 마찬가지입니다.

기를 그릴 뿐이다

풍수의 핵심은 바로 기, 그림의 핵심도 역시 기입니다. 중국 청나라 말기 화가 우창쉬鳴昌碩는 "나는 기를 그릴 뿐 형태를 그리지 않는다"라고 했습니다. 이처럼 동양화는 기의 예술입니다.

그림이 풍수라고 할 수 있습니다. 그래서 그림을 예술 풍수라고 하지요. 풍수에서 중요한 게 생기이고 그것을 얻은 땅은 세를 얻었다고 하는데 그림도 역시 마찬가지입니다. 회화도 기 그리고 세입니다. 그림에서 기가 충만한 모습, 생기 있는 모습을 띠고 세를 얻기 위해서는 다음을 염두에 두어야 합니다.

먼저 기국氣局입니다. 그림에서 공간의 전반적인 배치를 말하는 것입니다. 공간 속에 기가 충만하고 에너지 장이 형성되는 데 있어 아주 중요합니다. 기로 가득 찬 느낌을 주려면 그림에 내적인 구조 또는 구도를 잘 만들어야 합니다. 그게 기국이랍니다. 풍수에서도 주요 산과 구릉의 형태, 특히 분포가 중요하고 병법에서도 배치가 중요하지요. 풍수에서는 있을 것이 다 있고 그것들이 적절히 자리 잡아야 좋은 땅입니다. 병법에서 병력을 배치하는 것처럼 그림도 구도와 배치가 중요합니다. 있어야 할 것들을 적당히 잘 배치해 형을 만들어야 합니다. 특히 물의 흐름을 잘 보여주고 어떻게든 여백을 남겨야 합니다. 그래야 그림 안에 기가 충만해 있다는 느낌을 줍니다.

그림이 기로 가득 차야 합니다. 그런데 단순히 기를 충만하게 표현한다고 그림이 취세取勢, 득세得勢한 것은 아닙니다. 기를 가둘 수 있어야지요. 그래서 기가 들어오고 나가는 출입구, 기구氣口가 그림 안에 있어야 합니다.

그림 속에서 왕성하게 회전, 순환하는 기가 사방으로 흩어져서는 안 되지요. 풍수에서도 사신사 이야기를 했습니다. 산이 바람을 막아줘야 한다고 했지요. 그래야 생기가 흩어지지 않아 명당이 되지요. 기가 제멋대로, 사방으로 빠져나가도록 내버려 두어서는 안 됩니다. 가두어두고 간직하지 못하면 세를 잃습니다. 그래서 기구가 있어야 합니다.

기를 잡아두기 위해서는 그림의 네 귀퉁이를 봐야 한다고 합니다. 그림에 있어 네 귀퉁이는 기가 출입하는 곳이고 일반적으로 그림의 네 귀퉁이 가운데 두세 군데는 막는 게 원칙이라고 합니다. 그렇게 해서 기가 세어나가지 못하도록 하는 것이지요. 그러면서도 네 귀퉁이 가운데 한 곳만은 절대 막지 않았다고 합니다. 그래야 기가 소통하고 그림이 숨을 쉴 수 있으니까요. 모두 막아두기만 하면 숨을 못 쉬지 않겠습니까? 막아둘 곳은 막아두고 열어놓을 곳은 열어두어야 그림에서 호흡하고 생동하는 기운이 느껴집니다. 그림에서 세가 만들어진다는 거지요.

《주역》에 나오는 하도河圖나 낙서洛書[14]를 보면 시계 방향으로 돌다가 오른쪽 아래에서 끝나는데 그 오른쪽 아래 귀퉁이가 그림에서도 중요합니다. 거기가 '스팟'이라고 할 수 있는데요. 이는 풍수에서 기가 뭉친 혈 또는 시에서 시의 모든 것이 압축된 시의 눈, 이른바 시안詩眼과 같다고나 할까요. 거기에서 그림 안의 기의 흐름과 순환이 끝나거나 기가 뭉쳐 머뭅니다. 그렇게 기의 움직임이 멈춘 것처럼 보이도록 표현을 해줘야 한답니다. 동아시아의 많은 명작 그림이 이런 특징이 있다지요.

그림 속 기세와 기의 흐름이 왼쪽 상단에서 오른쪽 하단으로 급격하게 밀려오는 부분을 해위亥位라 합니다. 그 부분에서 기가 압축되어 몰려 뭉칩니다. 기의 흐름이 귀결되고 종결되는 곳입니

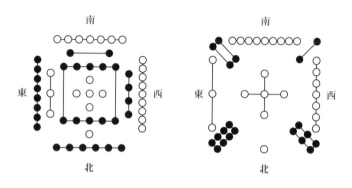

▶ 《주역》에 나오는 하도(왼쪽)와 낙서(오른쪽). 오른쪽 아래 귀퉁이가 중요하다.

다. 이 해위를 잘 살려줘야 합니다. 그래야 그림 안에 기가 충만
하고 세가 만들어진다고 합니다. 서예도 마찬가지입니다. 서예
란 하나하나가 한 폭의 그림과 같은데, 서예에서 글자를 보면 대
부분 오른쪽 하단 부분에서 끝을 맺습니다. 그림처럼 그 부분에
서 기의 흐름이 종결되기 때문이지요. 그러니 서예도 그림도 오
른쪽 하단의 해위를 잘 살려야 생명력을 얻고 생동하는 기운이
강해집니다.

풍수에서 기가 흘러다는 통로인 산맥, 산의 능선을 용맥龍脈이
라고 했습니다. 그림에서도 그런 선과 줄기를 만들어줘야 합니
다. 중국에서는 풍수의 대가가 그림의 대가인 경우가 많았습니

다. 용맥을 잡아 그림 안에 표현하여 세를 얻는다고 합니다. 기가 흐르는 선과 길. 그런데 그렇다고 꼭 선으로 그려내야 하는 것은 아니라지요. 점이든 보일 듯 말 듯한 경계선이든 상관없다고 합니다. 점 같은 경우 서로 흩어져 있어도 묘하게 호응하는 것 같고 떨어지면서도 붙어 있는 것 같은 느낌을 줘 줄기로 보이면 된다고 합니다. 풍수에서 용맥을 탯줄과 같은 생명선이라고 합니다. 용맥은 그림의 생명선입니다. 풍수나 그림 모두 생명선이 중요합니다. 용맥이 있어야 땅도 그림도 생명을 얻습니다.

생명선

동양화는 선입니다. 그리고 이는 생명선이 될 수 있어야 합니다. 사물의 객관화나 기하학적인 표현을 중시하는 서양과는 다릅니다. 우주의 생명력인 기의 흐름을 선으로 보여줄 수 있어야 하고 공간과 대지에서 보이는 기의 흐름, 기가 다니는 궤적과 순환 통로를 어떻게든 선으로 잡아 표현해야 하지요. 생명선을 보는 게 풍수의 생명이고 생명선을 표현해내는 게 그림의 생명입니다.

생명선을 핏줄이자 통로라고 했는데 어쩌면 그림의 뼈대라고

도 할 수 있답니다. 그래서 그림을 말할 때 생명선을 잘 만들어준 경우 골기가 있다고 하지요. 뼈대가 튼튼해야 생명체가 힘이 있고 튼튼하듯이 그림에도 생명선으로 뼈대를 잘 만들어주어 그 골기를 보여줘야 합니다.

생명선은 단조로워서는 안 됩니다. 그러면 생명선이 될 수 없습니다. 무한 변화하는 산맥과 산의 능선처럼 변화의 기운이 보여야지요. 직선만이 아니라 곡선과 우회하는 모습이 있어야 합니다. 병법에서 병형상수, 즉 병력의 배치는 지형에 따라 늘 자신을 변화시켜 앞으로 나가는 물과 같아야 한다고 했습니다. 생명선도 마찬가지입니다. 선이 변하는 맛이 있어야 합니다. 풍수에서 말하는 살아 있는 용맥이나 생룡처럼 변화의 기운과 꿈틀거리는 힘이 느껴져야 합니다. 생명력의 근원인 용은 생명선을 통해 만들어지고 표현됩니다.

생명선이 정말 중요한 이유는 흡인력을 주기 때문입니다. 자연의 맥박이 느껴지면 단순히 대상을 보는 게 아니라 나도 모르게 나의 마음과 존재가 그림 속으로 들어가게 됩니다. 그림 안에서 산을 보고 물을 보고 새소리를 듣고 바람을 느끼려면 생명선으로 우주적 생명력과 흡인력을 줘야 한다는 거지요. 이때 나는 그림 그리고 그림 속에서 묘사한 자연과 하나가 됩니다. 앞서 예술이 주는 감동을 문화적 약속이라고 했는데 생명선을 보여주지 않으면 감동은 없습니다. 이는 우리 동아시아의 문화적 약속입니다.

생명선이 있기에 동양화는 서양화와 달리 하나의 시점으로 통일되거나 한 부분에 초점을 맞추지 않지요. 시점이 여럿으로 분산되고 화면의 한쪽 끝에서 다른 쪽 끝을 향해 조금씩 시선이 움직이게 되는데 그러면서 그림을 보는 게 아니라 보아가게 됩니다. '보아가게 된다'는 말이 조금 어색하고 이상한 표현 같지만, 보는 게 아니라 보아가게 하지 않으면 감동을 주는 동양화가 될 수 없습니다. 시선을 움직이게 하는 생명선을 반드시 만들어줘야 하겠습니다. 다시 한 번 말하지만, 이는 우리의 문화적인 약속입니다.

거리 두기

생명선을 잘 그리기 위해서는 먼저 내가 자연과 대지 그리고 산에서 생명선을 잡아 볼 수 있어야 합니다. 그러기 위해서는 거리가 필요합니다. 가까이 가는 게 아니라 멀리서 보고 관조할 수 있어야 한다는 뜻입니다. 후한 말기 서예학의 종사라고 할 수 있는 채옹蔡邕이 가장 먼저 이야기했습니다. 항상 대상 세계를 멀리서 관조하려는 자세가 있어야지요.

북송의 화가 곽희郭熙는 산을 그리는 데 삼원법三遠法이 있다고 말했습니다. 산 아래서 산마루를 쳐다보는 것을 고원高遠법이라 하고 높은 산의 정상에서 산 아래를 내려다보는 것을 심원深遠법이라 했습니다. 가까운 산에서 먼 산을 바라보는 것은 평원平遠법이라고 했습니다.

송나라 휘종 때 화원畵院에서 활동한 한졸韓拙이라는 사람은 곽희의 삼원법에 자신의 견해를 덧붙였습니다. "곽희는 산에 삼원법이 있다고 했는데 나 또한 다음과 같이 삼원을 논한다. 가까운 언덕과 넓게 펼쳐진 강가, 광활한 공간과 먼 산 등이 잇는 것을 활원闊遠이라고 한다. 안개와 구름이 자욱하고 들과 강이 가려 보일 듯 말 듯한 것을 미원迷遠이라고 한다. 경물이 거의 사라져 있는 듯 없는 너무 작은 것을 유원幽遠이라고 한다."

멀리서 봐야 합니다. 가까이에서는 생명선, 기가 다니는 자연의 윤곽과 윤곽선을 볼 수 없지요. 100보, 1,000보 떨어진 거리에 서야 보인다는데 우선은 멀리서 관조해야 자연과 대지를 하나의 작품으로 감상하고 명상하게 되고 그럼으로써 생명선을 볼 수 있답니다. 그리고 총체적으로 보고 느껴야만 변화무쌍하고 역동적이며 맥박이 느껴지는 선을 볼 수 있습니다. 멀리서 보면 볼수록 우리가 바라보는 풍경은 그만큼 더 축소되고 압축되지요. 대상을 객관화하여 표현하는 것이 불가능해집니다. 하지만 멀리서

▶ 안견의 〈몽유도원도〉. 1447년 안평대군의 꿈 이야기를 듣고 그린 산수화로 이른바 '삼원법'이 표현되었다.

보면서 축소, 압축된 풍경은 서구식 회화 같은 객관적인 묘사에는 방해가 될지 몰라도 압축된 대지의 뚜렷한 생명선을 내 눈에 들어오도록 해줍니다.

어깨에 힘을 빼고 마음을 가라앉힌 채 풍경을 관조해서 압축시켜 볼 수 있는 힘은 서예뿐만 아니라 시를 창작할 때도 중요합니다. 시인도 외부 대상과 거리를 두고 보아야 합니다. 그렇게 힘을 빼고 멀리서 대상 세계를 관조하는 자세는 동양 미학 세계에서 기본 중의 기본입니다.

기국에서 반드시 여백을 남겨두고 배치해야 한다고 했습니다. 그래야 기가 충만해질 수 있는데 시에서도 그렇고 그림에서도 그렇고 다 보여줄 수 없습니다. 또한 다 보여줘서는 안 됩니다. 축약과 압축이 있어야 하고 텅 빈 공간이 있어야지요. 시는 함축이 생명이고 그림은 여백의 미가 필수인데, 그것은 시와 그림 모두 완성된 작품이 아니기 때문입니다. 감상하는 이, 읽는 이와 교감을 통해 완성을 지향하는 과정에 있는 것입니다. 감상하는 이와 대화하고 교감해야지요. 그렇게 서로 상호작용하려면 창조하는 이가 모두 보여줘서는 안 됩니다. 스스로 해석해보거나 채워볼 수 있는 여지를 줘야 합니다. 여백이 있어야지요. 그래야 현재진행형 그림이 되고 세를 얻을 수 있습니다. 하나의 과정 안에 있게 되는 것이니까요. 생물이 된다는 겁니다.

　군대도 땅도 그림도 시도 모두 생물이 되어야지요. 세를 얻어야 한다는 것은 모두 생물이 되게 한다는 것이 아닐까 싶습니다. 생명의 힘, 생생불식生生不息하는 우주와 같은 생물. 세는 생물이라 할 수 있겠습니다.

25

그림과 세 2

천지 만물의 생생한 기운

남북조시대는 여러 예술 이론과 사상이 발전한 시기였습니다. 대표적인 이론서로 유협劉勰의 《문심조룡文心雕龍》과 사혁의 《고화품록古畵品錄》이 있습니다. 《문심조룡》에서는 육관六觀이라고 해서 위체位體, 치사置辭, 통변通變, 기정奇正, 사의事義, 궁상宮商으로 문장을 평가하는 기준을 제시했습니다. 《고화품록》에서 사혁은 이 육법으로 그림을 평가하는 기준과 그림을 그리는 원리 원칙에 대해 말했지요. 사혁의 육법은 우리 동양에서 가장 오래되었을 뿐더러 많이 인용되는 회화 이론이 아닐까 싶은데 이를 보면 그림과 세에 대해 부연 설명이 충분할 것 같습니다.

사혁의 화론 육법

기운생동氣韻生動은 작품을 감상, 관찰할 때 반드시 요구되는 정신적, 생명적 경지가 아닐까 싶습니다. 말 그대로 기운이 살아 움직이는 것입니다. 손자가 말한 기정상생의 경우처럼 끝없는 생명력이 느껴져야 합니다. 이는 단순한 생명력 정도가 아니라 정신적으로 높은 단계까지 고양된 정신적 혼으로 이를 그림 안에 담아내야 합니다.

기운생동 역시 기가 중요합니다. 그 기는 두 가지로 나눌 수 있는데 하나는 자연 사물과 풍경이 지닌 기입니다. 소재가 지니고 있는 것입니다. 다른 하나는 작가가 지닌 기입니다. 작가의 혼, 작가 정신이라고 말할 수 있는데 자연 사물이 지닌 기와 작가의 정신이 잘 어우러져야 한답니다. 사물의 생명력도 기로 드러나고 작가의 정신세계와 예술적 혼도 기로 드러나야 기운생동의 경지에 이른 작품이 될 수 있습니다. 기운생동이 사혁의 화론 육법에서 첫 번째 원칙이라면 골법용필骨法用筆, 응물상형應物象形을 비롯한 나머지 것들은 기운생동한 그림을 그리기 위해 보조적으로 쓰이는 원칙이라 할 수 있습니다.

골법용필이란 붓을 놀릴 때 붓으로 골기를 잘 보여주라는 말이지요. 쉽게 말하자면 그림을 그리고자 하는 대상의 골격을 먼저 파악하여 뼈대를 그려주라는 겁니다. 사실 이건 얼굴 윤곽선을 보는 관상, 손금을 보는 수상 등 사람 몸의 골격과 틀을 보고 그 사람의 성격과 기질, 명을 판단하는 것에서 유래했습니다. 이는 선으로 세상을 보는 풍수와도 무관하지 않을 것입니다.

골에서 기를 보여주는 것은 서예에서도 중요한데요, 골법이란 것은 선의 힘을 살리기 위한 것이지 서구처럼 대상의 해부학적 구조를 보여주는 것을 통해 얻는 사물의 객관적 표현 내지 자연주의적인 재생과는 관련이 없습니다. 이는 어디까지나 그림을 생물로 만들어주기 위한 것입니다.

서예와 회화는 상통하는 바가 있기에 회화에서 중요한 골법이 서예에서도 중요시되었지요. 《위부인필진도衛夫人筆陳圖》에서 위부인은 서예 이론을 논하면서 "필력이 좋은 사람은 골이 많고 필력이 좋지 않은 사람은 살이 많다"라고 했습니다. 이처럼 서예가들 또한 골력이라는 말로 필력을 논합니다.

훌륭한 예술가일수록 골법에 능하다고 합니다. 골기가 드러나는 선으로 대상을 파악해 그려 보여줄 수 있는 사람이 훌륭한 예술가라는 것이지요. 골법으로 선을 잘 보여주는 경우 그림의 힘과 세를 떠나 작가의 에너지와 창의력, 예술적 영감이 칭찬을 많이 받는데, 골법을 통해 기를 실체적으로 보일듯하게 표현해주고 비가시적인 작가의 정신적 세를 가시화하여 표현할 수 있어야 합니다. 물론 아무나 가능한 것이 아니고 작가의 예술적 정신세계가 탄탄하고 장시간 수련해야 제대로 된 경지에 이를 수 있습니다.

응물상형이란 그림을 그릴 사물에 대응하여 보이는 형태대로 묘사해야 한다는 원칙인데요. 그림을 그리는 데 있어 대상을 그대로 본뜬다, 사물을 있는 그대로 그린다는 의미입니다. 엄밀히 관찰하고 세밀하게 표현하라는 원칙이지요. 그렇다고 정말 단순히 사물을 있는 그대로 그리라는 것은 아닙니다. 있는 그대로 대상을 객관화해 보여주는 것은 서양의 회화이고요. 우리는 대상을 있는 그대로 그린다고 해도 사물이 가진 기와 정신을 보고 이를 내가 그려내는 대상의 모습에 담아냅니다.

수류부채隨類賦彩란 채색의 원칙입니다. 사물의 종류에 따라 채색한다는 것입니다. 말뜻을 풀어보면, 대상의 종류에 따라 각각 합당하게 채색을 한다는 뜻입니다. 사물 혹은 인물에는 그에 합당한 색채가 있기에, 그 색채에 맞게 그림을 그려야 하는데 사물 천연의 색을 잘 파악해서 자연스러운 색조를 살려내 그릴 수 있어야 합니다.

경영위치經營立置란 쉽게 말해 그림을 그릴 때 어떻게 배치하느냐의 문제라고 합니다. 앞서 이야기한 기국을 떠올리셔도 좋겠네요. 중심이 되는 대상의 위치를 정하고 주변이 되는 사물과 대상을 잘 배치하고 구도를 잡고 선정하는 것입니다. 전쟁에서 군대가 세를 얻기 위해 부대와 병력을 적절히 배치하는 것과 같습니다. 병사 하나, 부대 하나의 전투력이 우수해도 배치가 잘못되어 짜임새가 생기지 않으면 군대의 힘이 약해지는 것처럼 화면 구성에서 배치와 구도가 잘못된 경우 골법용필과 수류부채가 뛰어나다 한들 전체적인 미와 세가 사라질 것입니다. 개개의 형상은 잘 표현되었는데 구도와 배치에 문제가 있어 전체적인 미가 불안정하며 세가 생길 수 없는 경우가 있기에 그림을 그리는 이는 배치와 구도에 심혈을 기울여야 합니다. 기운생동과 세를 위한 여백과 공백의 비중과 배치, 성기고 빽빽한 서로 반대되는 형상들을 어디에 어떻게 둘 것인지는 정말 중요합니다.

전모이사轉模利寫는 쉽게 말해 대가의 그림을 베끼는 것입니다. 선배들의 작품을 그대로 재현해보는 것이죠. 표절하는 것이 아니라 옛날 선배들의 작품을 그대로 재현해보면서 정신세계와 기교를 수련하고 학습하는 것이지요. 전모이사는 회화 학습의 전통이 되었는데요. 북경 중앙 미술학원 슈에융니엔薛永年 교수는 모模, 임臨, 방倣을 말했습니다. 서화가가 되기 위한 훈련 방법 세 가지입니다. 원작 위에 종이나 비단을 올려놓고 비쳐 나오는 형상을 그대로 그리는 것이 모, 원작 옆에 종이나 비단을 놓고 원작을 따라 그리는 것이 임, 원작의 정신을 받들어 그리는 것을 방이라 했습니다. 모는 거의 복제인 반면 방은 원작의 뜻과 정신을 그리는 것이기에 복사나 복제라 하기 어렵습니다. 임은 모와 방의 중간이고요. 이렇게 득세를 위한 기본적 화법의 요령과 원칙에 대해서 살펴봤습니다.

숨김의 미학

시와 그림은 밀접한 관련이 있습니다. 그림을 공간의 예술이라 한다면 시는 시간의 예술이라 할 수 있습니다. 공간의 예술과 시간의 예술이 송나라 때 활발히 결합했는데 여기에는 송나라 휘종 황제의 역할이 컸습니다. 워낙에 예술을 사랑하는 군주였기에 그는 곧잘 유명한 시 가운데 한두 구절을 골라 이를 화제畵題로 내놓아 그림을 그리게 해 대가를 뽑았다는데요. 중요한 것은 시에 드러난 정서, 시에서 보이는 세를 그림에서 은근하게 표현해야 한다는 것이었습니다. 그것이 바로 무의 미학, 숨김의 미학입니다. 예를 들어 설명해 보겠습니다.

'꽃을 밟고 지나가는 말발굽에 향기 나네'라는 시구를 화제로 장원을 차지한 이가 있었습니다. 시에는 꽃 이야기가 나왔지만 그는 그림에 직접 꽃을 그리지 않았습니다. 나비 떼가 말을 쫓아 함께 날아오르는 모습을 그렸지요. 꽃을 보여주지 않았지만 나비 떼로 향긋한 꽃향기를 느끼게 한 것입니다.

'대나무 숲 다리 옆에 주점이 있구나'라는 시구를 화제로 장원을 차지한 이가 있었습니다. 그러나 그도 주점을 그리지 않았다지요. 대신에 대나무 숲 다리 옆으로 주점을 알리는 깃발이 바람에 나부끼도록 그렸답니다. 이것이 무의 미학, 숨김의 미학입니다.

'허허 벌판 부둣가에 배만 홀로 매여 흔들거리네'라는 시구를 화제로 주었습니다. 그러자 수많은 화가가 허허벌판 부둣가에서 아무도 타지 않은 배가 파도에 흔들리는 장면을 그렸는데요, 정작 장원을 차지한 이는 사람을 그렸습니다. 한 사람이 배 안에서 홀로 기대어 한가로이 피리를 부는 장면을 그렸습니다. 시에서 타는 사람이 없을 뿐 사공이 없다고는 하지 않았지요. 타는 사람이 없으니 한가롭게 피리를 불며 노니는 사공의 모습을 보여줬습니다.

한번은 '어지러운 산이 옛 절을 감추었네'라는 시구를 화제로 냈습니다. 깊은 산 속의 오래된 절을 어떻게든 표현해야 하는데 또 감추었다고 하니 보여줘서도 안 되고 또 그렇다고 아주 안 보여줄 수도 없었습니다. 화가들은 절을 그리지 않으면서 그려야 한다는 것을 알았기에 퇴락한 절의 모습을 보일 듯 말 듯하게 그려주려 애썼지요. 그런데 장원을 차지한 화가는 글쎄 절을 아예 보여주지 않았습니다. 그의 그림 속 어디에도 절을 찾아볼 수가 없었다는데요, 대신 숲 속 작은 길에 중이 물동이를 지고 올라가는 장면을 그렸답니다. 중이 물을 길러 나왔으니 가까운 곳 어딘가 분명히 절이 있겠지요? 앞서 노자와 세를 말할 때 피갈회옥, 베옷을 입고 옥을 품는다고 했습니다. 최대한 숨겨야지요. 숨기면서 보여주고 감추면서 드러내주고 보일 듯 말 듯하게 그려내며 보는 이의 애를 태워야 합니다. 그래야 시의 세를 훌륭히 해석한 좋은 그림이 됩니다.

꽃 대신 나비, 주점 대신 다리 옆 깃발, 배 대신 피리 부는 사공, 절 대신 물을 길러 나온 중을 그렸습니다. 병법의 성동격서聲東擊西가 떠오르는데요, 동쪽으로 가는 척하지만 서쪽에서 나타나고 서쪽을 도모하기 위해 먼저 동쪽으로 움직입니다. 실제 홍운탁월烘雲托月이라는 화법을 보면 그림에 달을 그릴 때 수묵으로 색칠해 달을 보여주지 않습니다. 달을 그리기 위해 화가는 달만 남겨둔 채 주위를 어둡게 칠해서 달을 돋보이게 합니다. 대상을 직접 그리지 않지만 실제로는 대상을 더욱 부각시킵니다. 숨김의 미학을 예술적 성취와 취세를 위해 꼭 명심해야 합니다.

자연과 음양

채옹

그림 이야기를 했으니 이제 서예, 붓글씨에 관해 이야기해보겠습니다. 풍수에서 그림으로, 그림에서 서예로 이야기가 이어지는데요, 풍수에서도 세가 중요하고 그림에서도 세가 중요하고 서예에서도 역시 세가 중요합니다.

　서예는 문자를 통해 사상과 감정을 예술적 형상으로 표현하는 동시에 인간 정신을 수양시키며 스스로의 인격 완성에 최고의 가치를 두는 예술입니다. 서예에서 세는 글자의 힘과 생명력을 뜻합니다.

서예에서의 세는 후한 시기 채옹이 가장 먼저 논했습니다. 서예가 예술성을 지닐 수 있는 필요충분조건이 세입니다. 서예의 세를 보통 필세筆勢라고 하고 자세字勢라고도 합니다. 필세는 붓질에 따라 표현되는 세를 말합니다. 용필법에 따라 달라진다는데 자세든 필세든 서예를 하는 이의 개성과 실력에 따라 다르게 드러나지요. 서체는 다양한 글자의 세를 만듭니다. 당나라 장회관張懷瓘은 이렇게 말했습니다. "서예를 잘 아는 사람은 글씨 자체를 보는 것이 아니다. 글자에 깃든 신과 같은 풍채를 볼 뿐이다."

글자의 형상은 보지 않는답니다. 바로 세를 본다는 것이지요. 중국 동진의 최고의 서예가 왕희지는 《필세론筆勢論》을 썼고 청나라 풍무馮武는 팔해법八法解이라고 해서 낙落, 기起, 주走, 주住, 첩疊, 위圍, 회回, 장藏 등 여덟 가지 운필법을 논했습니다. 모두 서예에서 세를 얻기 위함이었습니다. 당나라 초 서예가 구양순歐陽詢은 36법을 논했지요. 전한의 양웅揚雄과 더불어 채옹은 병가의 종사 손자처럼 서예 이론에서 선구자라 할 수 있습니다. 채옹은 풍수나 그림에서처럼 생명력이라고 할 수 있고 동적인 기운이라 할 수 있는 서예의 세에 대해 가장 먼저 논했습니다.

채옹이 활동하던 한나라 후기에 한자는 의미의 기록과 전달, 예악과 교화 등의 기능적 측면에 국한되지 않고 예술의 영역으로 폭넓게 확장되어 쓰였습니다. 서예가 하나의 독자적 예술 장르로 발전한 시기였지요.

채옹의 서예 이론은《필론筆論》,《구세九勢》,《필부筆賦》,《전세
篆勢》네 편이 전해오고 있는데 이는 한나라 서예 이론의 집대성
이라고 평가되며 후대에 매우 커다란 영향을 끼쳤습니다. 특히
《구세》론에서 세를 집중적으로 논했는데, 병가의 지혜가 이때부
터 확연하게 미학으로 확대되고 연결되지 않았나 싶습니다. 병가
의 지혜를 미학으로 가져와 미학을 발달시킨 데에는 채옹의 공이
상당히 크다고 볼 수 있습니다.

자연 만물의 미를 있는 그대로

천 리의 진을 치고 있음이 마치 구름 같고 높은 봉우리에서 돌이 떨
어지는 형세와 같고 만년 묵은 등나무 같다. 如千里陳雲 隱隱然其有形.

《위부인필진도》

세로로 당기는 획은 마치 깊은 산속의 교목처럼 하고 꺾는 획은 강
철로 만든 갈고리처럼 하며 위가 뾰족한 것은 마른 줄기와 같이 하
여 아래라 가는 것은 바늘처럼 하고 혹은 둥글게 기운 형세는 마치
나는 새가 공중에서 떨어지는 것처럼 하고 모서리가 기운 형태는

흐르는 물이 굽이쳐 오는 것처럼 하여야 한다. 或豎牽如深林之喬木,
而屈折如鋼鉤; 或上尖如枯秆, 或下細若針芒, 或轉側之勢似飛鳥空墜, 或棱
側之形如流水激來.

_《서론書論》

글자에는 일정한 형체가 없다. 어떤 때는 앉은 듯 걷는 듯, 나는 듯
움직이는 듯, 가는 듯 오는 듯, 눕는 듯 일어서는 듯, 해와 달의 형
상을 이루는 형체를 만드는 듯하다. 字無常體 若坐若行 若飛若動 若往
若來 若臥若起 若日月.

_《서사회요書史會要》

역대 명서예가들이 서예 미학을 논할 때 이구동성으로 한 말이
있습니다. 이들은 각종 자연 만물의 미를 있는 그대로 드러낼 수
있어야 한다고 했습니다. 자연의 신채神彩, 기세氣勢 등을 잘 관찰
하고 그걸 창작의 원천으로 활용해 생동감을 잘 드러내야 하고
특히 자연의 형세를 잘 봐야 한다고 했습니다. 그리고 자연 속의
세를 잘 잡아내 서예에 담아야 한다고 했습니다. 자연미를 통해
세를 만들어야 한다는 주장이 화론과 유사하죠. 이는 채옹이 가
장 먼저 분명히 한 바입니다. 채옹은 《구세》에서 서예라는 것은
자연으로부터 비롯되었다고 힘주어 말했습니다. 그러면서 서예

창작은 자연에 근본을 두어야 한다고 했는데 특히 생생함과 생동하는 기운을 잘 살려내야 한다고 주장했습니다.

> 무릇 서書라는 것은 자연으로부터 비롯된다. 자연이 정립된 후에
> 음양이 생겨났고, 음양이 생긴 후에 형세 또한 나타났다. 夫書肇于
> 自然, 自然旣立, 陰陽生矣, 陰陽旣生, 形勢出矣.
>
> _《구세》

음양이 생긴 뒤 만물의 형세가 생겨났으니 자연의 기세를 잘 살려 글자에 담아야 서예에 세가 있다는 겁니다. 채옹은 붓의 작용부터 생동감이 있어야 하며 기운생동하는 신채神彩가 글자에서 우러나야 한다고 강조했지요. 서예에서의 신채는 초목의 생기 발랄함과 같고, 금수禽獸의 생기가 활발한 것과 같습니다. 자연 생명체가 가지고 있는 생명의 기운이 자기 나름대로의 독특한 방식으로 글자에 드러난 것입니다.

앉아 있는 듯, 걸어가는 듯, 나는 듯, 움직이는 듯, 가는 듯, 오는 듯, 일어나는 듯, 슬퍼하는 듯, 기뻐하는 듯, 벌레가 나무를 갉아 먹는 듯, 또는 날카로운 칼과 긴 창처럼 튼튼한 활과 강한 화살처럼 물과 불처럼 구름과 안개처럼 해와 달처럼 글씨의 모습에 철저히 종횡으로 자연의 형상을 담아내야만 비로소 서예가 될 수

있다고《필론》에서 밝혔습니다. 이는 동아시아 서예미의 골자가 되었고 동아시아 미학의 핵심이 되었지요.

또한 채옹은《구세》서두에서 음과 양을 글자에 모두 담아야 한다고 강조했습니다. 음양의 운동과 변화로 말미암아 자연의 세가 생겨나는데, 이 음양으로 만들어진 형세를 붓과 문자로 반영하는 것이 서예의 기본이라고 합니다. 서예에서는 음양을 이렇게 말합니다.

점획이 밖으로 드러나면 양, 안으로 거두어들이면 음.

직선은 양, 곡선은 음.

방方 네모는 양, 원圓 동그라미는 음.

담淡 옅은 것은 양, 농濃 짙은 것은 음.

흰색이 많으면 양, 흑색이 많으면 음.

빈 곳이 많으면 양, 실한 곳이 많으면 음.

이렇게 서예에서는 음양이 조화되어야 합니다. 서로 반대되는 기와 정이 상생해야 군대가 세를 얻는 것과 마찬가지입니다. 반대되는 것들끼리 맞서면서도 응하고 조화해야 생명력이 넘치는 글자가 되고 세가 만들어집니다.

27

불후의 미학 이론

서예와 세 2

산

채옹은 단순히 서예 이론과 기술을 논한 것이 아닙니다. 미학 정신과 서예의 철학적 근거를 제시했습니다. 그는 산散이라는 것을 이야기했습니다. 앞서 그림을 논하면서 생명선에 관해 이야기했는데요, 이와 비슷한 것입니다.

채옹은 서예란 무릇 자유롭게 풀고 성정에 따라 뜻하는 대로 표현해야 한다고 했습니다. 그러기 위해서는 세속적 잡념을 깨끗하게 버리고 공리적 욕구로부터 벗어나야 한다고 했습니다. 버릴 것은 버려서 마음을 깨끗이 하라는 것인데, 이는 서예를 하는 사람이 가져야 할 마음가짐을 말한 겁니다. 장자의 심재心齋, 좌망坐忘, 오상아吾喪我를 연상케 하지요.

마음 안에 삿된 것이 없고 깨끗하고 고요해야 합니다. 그래야만 자연을 바라볼 때 자연의 심미적 형상과 특징을 잘 잡아내어 서예로 보여줄 수 있습니다. 마음을 비우고 어깨에 힘을 빼야 자연의 세를 보고 그걸 담아내 글자에 세를 만들 수 있습니다. 마음을 풀어헤치고 세속적 잡념과 욕망을 없애야 합니다. 무의식적으로 글을 써야 하는데 마음이 깨끗해야지요. 산은 예술인이 순수 예술 활동으로 몰입해 들어가는 데 있어서 반드시 거쳐야 하는 필수 단계로 늘 견지해야 하는 마음가짐이랍니다.

서예라는 것은 산이다. 글을 쓰고자 할 때는 먼저 회포를 산해야 하고 성정을 편안하게 한 뒤에 그것을 써야 한다. 만약 일 때문에 하는 수 없이 쓴다면 비록 중산中山의 토끼털로 만든 좋은 붓이 있다 할지라도 아름답게 써낼 수 없는 것이다. 대체로 서예 글자는 먼저 조용히 앉아 고요하게 생각한 다음 마음껏 뜻에 따라 써야 하며 다른 사람과 교담하지 말고 마음을 가라앉히고 정신을 집중하여 마치 황제를 대면하듯 하면 곧 잘되지 않는 것이 없다. 서예 글자를 쓰는 준칙은 반드시 마음속에 글자의 형상이 있어야 한다. 머무는 듯 가는 듯, 날아가는 듯 움직이는 듯, 가는 듯 오는 듯, 누운 듯 일어날 듯, 근심스러운 듯 기쁜 듯, 벌레가 나뭇잎을 먹는 듯, 예리한 칼과 긴 창인 듯, 강한 활과 굳센 화살인 듯, 물인 듯 불인 듯, 구름인 듯 안개인 듯, 해인 듯 달인 듯, 종횡으로 모두 물物을 상징할 수 있어야 비로소 그것을 서예의 도라 칭할 수 있는 것이다. 書者, 散也. 欲書先散懷抱, 任情恣性, 然後書之. 若迫於事, 雖中山兎豪, 不能佳也. 夫書, 先·坐靜思, 隨意所適, 言不出口, 氣不盈息, 沉密神彩, 如對至尊, 則無不善矣.

_《필론》

앞서 그림을 그릴 때 자연의 생명선을 보려면 뒤로 물러나야 한다고 했지요. 그것과 비슷한 이야기입니다. 단순히 뒷걸음질하여 멀리서 본다고 자연의 세가 보이겠습니까? 어깨에 힘을 빼고 마음 차분히 하심下心해야 자연의 세가 보여 그림으로든 서예로든 비로소 보여줄 수 있는 것입니다. 풍수도 세를 보고, 혈을 잡아내려면 산해야 하는데 그래야 자연과 하나 되어 세를 볼 수 있습니다. 세를 보고 판단하려면 털어내고 깨끗이 하고 어깨에 힘을 빼야 합니다.

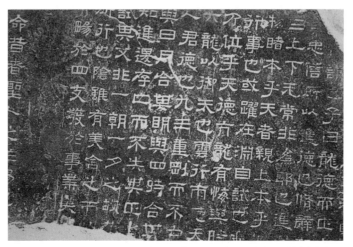

▶ 세를 만들기 위한 기법 9가지를 제시한 채옹이 175년에 예서체로 각한 〈희평석경熹平石經〉의 탁본. ⓒ 연합뉴스

세와 역

이제 채옹의 《구세》 이야기를 해보겠습니다. 구세는 글자에 세를 만들기 위해 견지해야 할 아홉 가지 원칙입니다. 글에서는 힘이 보여야 합니다. 글자는 자연의 생동하는 기운을 담아내야 하는데 이때 생동하는 기운을 역力이라고 합니다. 그러니까 채옹의 《구세》론은 글자의 힘을 위한 것이지요. 이 또한 세라고 보시면 될 것 같습니다.

채옹의 《구세》는 사실상 서예의 내재적 본질로 세와 역力을 강조한 것입니다. 세와 역力을 같은 것으로 이해하셔도 좋습니다. 채옹은 세를 만들기 위한 기법을 아홉 가지나 제시했습니다. 동양 미학 종사가 남긴 불후의 미학 이론 《구세》는 다음과 같이 시작합니다.

무릇 서예書라는 것은 자연에서 비롯된다. 자연이 정립된 뒤에 음양이 생겨났고, 음양이 생긴 후에 형세 또한 생겨났다. 서예를 할 때 기필起筆과 수필收筆은 장봉藏鋒해야 하며 역力으로 하여금 글자 속에 있게 하여야 되니, 붓을 댈 때 힘을 다하면 사람의 피부와 같이 미려해질 수 있는 것이다. 따라서 말하기를 오는 세를 저지할 수 없고, 가는 세를 억제할 수 없나니, 오직 필획에 유연함이 있어야만 비로소 기이한 현상이 나타날 수 있는 것이다. 대체로 붓을 대고 자체字體를 구성함에 있어 모든 상부는 하부를 덮어주어야 하며 하부는 상부를 승접하여 자체로 하여금 서로 조응관계를 이루어야 하고 형세가 서로 위배되어서는 안 된다.[15]

_《구세》

"들어오는 세 막을 수 없고 가는 세 잡을 수 없다", "형세가 위배되어서는 안 된다"라는 채옹. 이렇게 시작하는 채옹의 《구세》

론은 아홉 가지 서예의 기법, 원칙, 규범을 말합니다.

전필轉筆 마땅히 좌우를 돌아보아 마디 사이에 틈이 벌어져 외롭게 만들지 말아야 한다.

장봉藏鋒 붓끝 감추기. 점과 획이 들어오고 나오는 흔적을 말한다. 왼쪽을 가고자 하면 먼저 오른쪽을 돌아봐야 하고 오른쪽을 가고자 할 때는 왼쪽을 돌아봐야 한다.

장두藏頭 머리 감추기. 종이 위에 붓을 둥글게 내려놓는 것을 말한다. 필심이 항상 점 획 속에서 운행되어야 한다. 가운데를 나아가게 하여야 한다.

호미護尾 꼬리 보호하기. 점과 획이 형세를 다하면 힘써 거두어들인다.

질세疾勢 가파른 형세. 새의 부리 모양과 파임을 말한다.

약필掠筆 삐침. 험준한 산을 뛰어넘듯 하여야 하고 높은 봉우리에서 놀라 흩어지는 것을 말한다.

삽세澁勢 껄그러운 형세. 세로획에서 전장에서 행진할 때처럼 과감하면서도 조심성을 잃지 말아야 하는데 쾌속한 전투에서 앞으로 진군할 때의 넘치는 긴장감을 생각해보면 된다.

횡린橫鱗 가로획은 물고기 비늘 같아야 한다.

수륵竪勒 세로획은 말고삐를 당겼다 늦췄다 하는 모양 같아야 한다. 이것이 가로획과 세로획의 규칙이다.

채옹은 이것을 습득하면 비록 스승에게 전수받지 않더라도 서예의 달인이 되어 능히 옛사람과 합일을 이룰 수가 있다고 했습니다. 세를 위한 채옹의 서법을 들여다보면 병가의 냄새가 상당히 나지 않나요? 틈이 벌어지면 안 된다고 하고 감추고 보호하기를 말하고, 특히 삽세에서 전쟁터의 행진을 말하는 것을 보면 전투와 전쟁 냄새가 상당히 납니다. 그런데 왕희지가 말한 서법, 서예 규범을 봐도 정말 전쟁 냄새가 물씬 납니다.

왕희지는 《필세론》을 썼습니다. 필세론. 글자만 봐도 알 수 있겠지요. 역시 세를 위한 이야기입니다. 왕희지는 필세론을 논의할 때 글씨의 형세와 용필의 형세를 말하면서 전쟁을 예로 들어 이야기했습니다. 특히 5장인 〈처과장處戈章〉을 읽다 보면 정말 전쟁 느낌이 물씬 납니다. 활을 당겨 화살을 쏘는 것처럼 하고 거두기는 호랑이가 다투고 용이 비약하는 것처럼 하고 곧기는 마치 골짜기에 임한 굳센 소나무와 같이 하고 굽기는 갈고리를 매달아 물에서 낚시질을 하는 것처럼 해야 한다고 했지요. 서예가 꼭 전투 같습니다.

왕희지는 종이를 전쟁터의 진지陣地에 비유한 다음 붓과 먹을 갑옷에 벼루와 먹물은 연못에 비유하였고, 눈을 전투를 지휘하는 장군으로 글자를 구성하는 결구를 모략과 계책을 세우는 것으로 비유했습니다. 획이 들어가고 나오는 것을 장군이 호령하는 것을 따르는 모양으로 이야기했고 획이 굽거나 꺾이는 곳을 적군을 죽이는 형세에 비유했으며 점획은 떨어지는 돌무더기의 형세를 지녀야 한다고 했고 과획은 칼로 목을 베듯이 예리한 형세를 취해야 한다고 했습니다. 이렇게 전쟁터의 일에 비유하고 이러저러한 형세를 취해야 한다고 했는데 세는 역시 전쟁터, 병가에서 벗어날 수 없는가 봅니다.

골기와 선

자, 마지막으로 골기骨氣 이야기를 하겠습니다. 전한 때 양웅, 후한 때 채옹으로부터 서예 미학이 시작되었고 위진남북조 시대에는 서예 미학 이론이 발달했는데 그때부터 골骨, 골기란 것이 이야기되었습니다. 골, 골기에 대해서는 앞서 살짝 언급했습니다. 골기는 관상에서 사람의 뼈대와 인간의 외적인 선을 가지고 사람을 평하고 논하는 것에서 기원했는데요, 관상은 사실 얼굴만 보는 게 아니라 뼈대와 체형과 걸음걸이 등 모든 것을 보고 사람을 판단하는 거지요. 손금을 생각하면 더 이해하기가 쉬올 것입니다. 손금도 사람을 평가하는 상相 가운데 하나인데 손바닥의 선을 보고 판단하는 거지요. 본래 상이란 게 사람에게서 드러난 선으로 사람을 평하는 것인데 이를 미학에서 끌어와 서예와 회화, 시문을 품평하고 논하는 데 쓰였지요. 선입니다, 선. 선의 힘이 중요하지요. 그림과 세에서 선 특히 윤곽선이 살아 있고 선에서 뼈와 같은 힘이 느껴지고 거기에 정신적 기운까지 담겨야 하는데 서예도 마찬가지입니다. 선이 뼈대 같아야 합니다. 골기가 있고 그런 골기가 살아 있어야 세가 만들어집니다. 골기가 좋으면 필력이 좋다고 하는데 그때 다른 말로 글씨에 뼈가 많다고 하지요. 반대로 골기가 없고 필력이 없으면 살이 많다고 합니다. 뼈가 없다는 겁니다. 서예나 그림이나 골기가 중요한데 앞서 살펴본 육법 가운데 골법용필을 다시 떠올리시면 될 겁니다. 동양은 이렇게 선이 중요합니다. 선으로 보여주고 선에다가 자신의 실력과 내공을 담아내야 하지요.

28

시와 세 1

천하의 명구

이제 시 이야기를 해야 할 거 같네요. 시에서도 세를 얻는 것은 중요합니다. 세를 얻고 살아 있는 기운과 연속되는 기운이 있어야 좋은 시로 평가받을 수 있지요. 예술적 성취를 인정받을 수 있다는 겁니다. 시에서 세를 만들기 위한 원칙들이 있는데 사실 좋은 시를 써내기 위한 원칙들이라 해도 무방합니다. 세가 없으면 좋은 시가 못 되니까요. 생동하는 시를 위해 고려할 원칙을 말해 보겠습니다.

발호자연

발호자연發乎自然. 자연에서 발호해야 합니다. 서예나 그림처럼 자연미가 중요합니다. 자연스러워야 하고 인위적이지 않아야 좋은 시가 되고 세를 얻는다는 것입니다. 그러기 위해 시인은 깨끗한 마음으로 대상에 접근해야 합니다. 마음을 비우고 다가가서 진솔하게 대상에 대해 이야기해야지요. 함부로 기교를 부리거나 조탁하려고 하면 안 됩니다. 억지스럽고 인위적이면 시는 기운을 잃고 세를 얻을 수 없지요. 그래서 우선 시는 자연에서 발호해야 한다고 했습니다. 자연에서 발호한 시는 자명의 경지에 이를 수 있는데 자명自鳴, 즉 시가 스스로 울리는 것입니다. 인위적인 기교가 보이지 않는 시는 스스로 울립니다. 발호자연, 자명의 경지에 이른 시의 세계는 맹호연孟浩然이 가장 잘 보여주지 않았나 싶네요.

봄잠에 취해 새벽이 온 줄도 몰랐는데 春眠不覺曉

곳곳에 새 우는 소리 들리는구나 處處聞啼鳥

어젯밤 비바람 소리 들었는데 夜來風雨聲

지금쯤 얼마나 꽃잎이 떨어졌을까 花落知多少

_〈춘효春曉〉

청각만으로 시상이 전개됩니다. 들리는 것으로 시간과 계절을 묘사하고 있습니다. 시각보다는 청각으로 묘사하고 보여주는 것을 우리 동양에서는 높이 사지요. 공자가 조문도朝聞道 석사가의 夕死可衣라고 했지요. 아침에 도를 '보면'이 아니라 아침에 도를 '들으면' 저녁에 죽어도 좋다고 했습니다. 원래 동양은 청각으로 노래하고 시상을 읊어야 예술적 성취를 더 인정해주는데요, 청각이 주가 되어야 자연스러운 맛이 있고 인위적인 면이 보이지 않는다고 하지요. 청각이 주가 되어야 더 공감을 받고 더 인정을 받는 것이지요. 맹호연의 시가 그렇습니다.

평이한 글자, 보이지 않는 수식과 기교, 청각 중심의 표현. 담백하게 생각나는 대로 쓰면서 시상을 전개하고 자기 뜻을 말하고 있는데 이런 경지의 시를 천성天成의 시라 평합니다. 발호자연, 자명의 경지에 이른 시라는 것인데 최고의 평가입니다. 이런 천성의 시는 정말로 취세 득세한 시입니다. 자연미를 자랑하기에 세를 얻은 시지요. 시는 갓 피어난 연꽃 같아야지 수를 늘어놓은 비단 같아서는 안 됩니다. 자명의 시, 천성의 시는 갓 피어난 연꽃입니다. 맹호연의 시를 하나 더 보겠습니다.

배를 저어 안개 낀 강가에 정박하니 移舟泊煙渚
해 저문 저녁 나그네의 수심이 새롭도다 日暮客愁新

들이 넓어 하늘은 나지막이 나무에 걸려 있고 野曠天低樹

강은 맑아 달이 사람과 가깝구나 江淸月近人

〈숙건덕강宿建德江〉

이 시의 3, 4구 야광천저수野曠天低樹와 강청월근인江淸月近人이 바로 천하의 명구입니다. 이른바 경책警策이라고 불립니다. 경책 하나만 있어도 평생을 자랑할 수 있고 지식인들 사이에서 대접을 받을 수 있었습니다. 이 시에서 맹호연은 조탁과 기교를 부리지 않고 담담한 필치로 자연을 묘사합니다. 이것이 맹호연의 시가 많은 사람에게 사랑받는 이유입니다. 맹호연은 이백李白이 존경한 시인으로 당나라 시기 시의 부처라고 불린 시인 왕유王維의 친구이기도 합니다. 그의 시는 정말이지 수놓은 비단이 아니라 갓 피어난 연꽃과 같다고 할까요. 조탁과 기교의 흔적 없이 자연스러움만을 보여주며 시의 세를 만들어간 시인, 바로 맹호연입니다.

정경교융

좋은 시, 세를 가진 시는 정情과 경景이 조화를 이루어야 합니다. 이를 정경교융情景交融이라고 하는데요, 외부 세계의 객관적 사물에 대한 묘사만 있어서는 안 되고 주관적인 감정 또는 정감 표현만 있어서도 안 됩니다. 둘이 적절히 조화를 이루고 통일되어야지요. 그래야 좋은 시, 살아 움직이는 시, 세를 가진 시가 됩니다. 경은 외부 사물입니다. 외부 객관 세계지요. 반대로 정은 시인의 감정과 사상, 느낌입니다. 시인의 내적 주관 세계지요. 주관과 객관, 외부와 내부가 모두 드러나야 합니다. 정경이 잘 어울리는 상태가 되어야만 시 안에 세가 만들어질 수 있습니다.

경景은 시의 매개媒介고 정情은 시의 배아胚芽라고 합니다. 이 둘이 합쳐져 시가 된다고 합니다. 처음에는 무심히 외부 세계인 경을 마주하지만 바로 인간의 마음속에 정이 일어납니다. 경은 정을 불러일으킵니다. 그리고 정이 일어난 상태에서 마음과 느낌을 가지고 경을 바라보면 경이 다르게 보입니다. 경에 나의 정이 물들게 되고 채색이 일어나지요. 인간의 주관 감정이 외부 세계에 의미를 불어넣고 뜻을 부여하면서 시가 만들어집니다.

경 안에 정이 있고 정 안에 경이 있고 경중정, 정중경할 수 있어야 합니다. 한쪽에 치우치면 안 됩니다.

정경의 겸비를 위해서는 수식에 의존하거나 억지로 조탁해서는 안 됩니다. 진부한 수식을 늘어놓으면 경을 묘사할 때 정을 그 안에 둘 수 없고 정을 말할 때에도 경이 그려지도록 할 수 없는데, 특히 정을 경 안에 둘 수 없게 됩니다. 자연미를 살리기 위해서도 멋을 부리면 안 됩니다.

감정을 절제해야 합니다. 힘을 빼고 감정의 과잉을 자제해야지요. 시가 아무리 정감의 발흥을 위한 것이고 이를 귀하게 여긴다지만 지나치게 늘어놓고 격앙되어 절제하는 맛이 없다면 시는 생명력을 잃게 됩니다. 천해지고 말 뿐입니다.

또 명심해야 할 것이 있습니다. 정과 경 사이에 구분과 경계선을 뚜렷하게 보여주지 않아야 한다는 것입니다. 정 안에 경이 있고 경 안에 정이 있도록 둘을 절묘하게 결합해야 합니다. 서로 일치된 듯이, 하나가 된 듯이 보여줄 수 있어야지요. 둘 사이를 명확히 가르는 선이 보이면 안 됩니다. 그림에서 말한 숨김의 미학과 같은 것이라고 볼 수 있지요. 동양 미학은 이렇게 숨김의 미학이 있어야 합니다.

선녀의 옷을 천의무봉天衣無縫이라 하며 감탄합니다. 실로 꿰맨선과 자국을 볼 수 없기에 감탄하는 것이지요. 어디부터 경이고 어디까지 정인지 둘 사이에 선이 어딘지 그 가장자리와 경계선을 숨기고 또 숨길 수 있어야지요. 경을 묘사하는 듯싶다가도 정을 말하고 정을 말하는 것 같은데 다시 경으로 돌아가고 이렇게 순환하면서 시를 읽는 독자에게 긴장감을 주고 밀고 당기기를 할 수 있어야 합니다. 정과 경 둘 사이의 경계선을 시적 화자는 최대한 숨기고 반대로 독자는 최대한 찾아야 합니다. 이런 밀고 당기기가 있는 작품이 감상의 즐거움을 주는 시이고 높은 미적 성취를 이룬 시이며 이른바 세를 갖춘 시라 할 수 있습니다.

두보의 월야

오늘밤 부주의 달을 今夜鄜州月

규방에서 아내는 홀로 바라보겠지 閨中只獨看

가여운 어린 자식들은 遙憐小兒女

장안의 나를 그리워하는 맘 이해하지 못하리라 未解憶長安

구름 같은 머릿결이 향기로운 안개에 젖어 있고 香霧雲鬟濕

옥같은 흰 팔 달빛에 시릴 것인데 香霧雲鬟濕

언제나 고요한 방 휘장에 기대어 何時倚虛幌

달빛아래 양 볼, 눈물자욱 지워질까 雙照淚痕乾

_〈월야月夜〉

장안성에 뜬 달을 묘사하며 가족을 그리워하는 마음을 드러낸 시입니다. 여기서 두보는 아내의 머릿결과 흰 팔을 상상하며 이야기하네요. 그러면서 남편을 그리는 아내의 정도 말하고 있습니다. 정경겸비, 정경일치의 좋은 예라고 할 수 있습니다.

정경교융과 관련된 시 창작 원칙으로 형신겸비形神兼備가 있습니다. 외부 사물에 대한 묘사와 정신적 요소가 조화해야 한다는 이야기입니다. 정경교융처럼 형신겸비는 형形, 즉 형태形態와 신神, 사물에 내재된 생기나 작가의 정신이 조화해야 한다는 것입니다. 형신겸비를 위해선 이형사신以形寫神을 명심하라고 하는데 형을 묘사하면서 사물이 지닌 정신을 생생하게 담아내라, 즉 외부 사물을 보면서 느낀 생기를 잘 표현해주라는 것입니다. 그리고 형을 묘사하면서 객관 사물의 생기뿐만 아니라 그 사물에 맡겨진 작가의 정신과 마음까지도 잘 담아서 보여주라고 합니다. 묘사가 지나쳐서 외부 사물을 너무 정밀하게 그리면 사물의 생기가 제대로 전달이 안 되고 무엇보다 작가의 마음을 담을 수 없습니다. 이뿐만 아니라 시의 생명인 함축성까지 사라지고 독자의 상상력 역시 사라지게 됩니다. 적당히 묘사하면서 은근히 생기와 마음이 그 위에서 살아 움직이게 해야겠지요. 정과 경처럼, 형과 신도 겸비해야 합니다.

(29)

줄이고 덜어내기

시
와
세
2

기탁

기탁寄託이란 작가가 자신의 사상이나 감정을 사물에 담아 간접
적으로 드러내는 것을 말합니다. 보통 흥興과 비比라는 방법을
쓸 때가 많습니다. 흥은 직접 자신의 감정을 말해주는 것이 아
니라 사물에 감흥하면서 자신의 감정이 움직이는 모습을 함축
적으로 살짝 드러내는 것입니다. 비는 비슷한 현상이나 사물에
빗대어 말하는 것이지요. 비와 흥은 모두 시인의 감정을 촉발시
키는 외부 사물에 자신의 사상과 감정을 실어 말하는 것인데 이
를 통해 이루어지는 기탁은 작가의 사상, 감정을 효과적으로 표

현하는 수단입니다. 앞서 목적을 효율적으로 이루기 위해 고민할 때 그 사고의 중심에 세가 있다고 했습니다. 기탁도 효율을 위한 수단입니다.

기탁은 흔히 말하지 않음으로써 말하는 것이라고 합니다. 말하지 않음으로써 말하는 것이 가장 묘한 방법이라고 하는데 시는 그렇게 묘하게 보여줄 수 있어야 합니다. 이렇게 기탁을 통해 시인이 본인의 생각을 직설적으로 말하지 않고 말 속에 또는 말 밖에 뜻을 숨겨야 합니다. 독자로 하여금 스스로 의도와 뜻을 찾아보게 할 수 있어야지요. 그래야 작품이 주는 감동이 커집니다. 진연작이라는 청나라 시대 학자는 이렇게 말했습니다. "무릇 사람의 마음이란 느끼는 바가 없을 수 없으며 느끼는 바가 있으면 기탁하는 바가 없을 수 없다. 만약에 기탁이 두텁지 않으면 사람을 깊이 감동시키지 못하게 되며 기탁이 두터우나 풍부하지 않으면 독자가 평소에 느끼고 있던 것을 느끼게 할 수 있을 뿐 느끼지 못하고 있던 것을 느끼게 할 수는 없다."

말하지 않음으로써 말할 수 있어야 합니다. 그래야 시는 세를 가질 수 있습니다. 문체의 아름다움보다 기탁이 훨씬 중요하다고 하는데, 아무리 문체가 유려하고 아름다워도 기탁이 없고 기탁에 서투르면 알아주지 않는다고 합니다. 사실상 동양 문학에서 기탁은 불변의 준칙이라 해도 지나친 말이 아닙니다. 하고 싶은 말이 있어도 직접 말해선 안 됩니다. 사물에 맡겨 사물이 스스로 말하게 해야 합니다. 그래야 시가 살아 숨 쉬는 생명체가 됩니다. 괴로운 것도 즐거운 것도 직접 본인이 늘어놓으면 시는 생명력을 잃게 됩니다. 세가 사라진다는 겁니다.

북풍이 서늘하다

흔히 많이 쓰는 '북풍이 서늘하다'는 표현은 바람이라는 사물을 통해 학정을 꼬집은 것입니다. 학정을 구구절절이 지적하며 비판하기보다는 북풍이란 자연물에 기탁해 말한 것이지요. 그게 시적 표현입니다. 그 못지않게 흔히 쓰이는 '눈이 펄펄 내린다'는 표현이 있습니다. 한설寒雪, 눈이란 사물을 통해 혹독한 시절과 세상을 풍자한 경우인데 이 역시 기탁입니다. 왕지환王之渙의 시 〈양주사凉州詞〉에서 "한 조각 외로운 성이 만 길 되는 산에 걸려 있네"라는 구절은 너무도 척박한 곳에 사는 병사들의 황량한 마음을 말한 것인데요. 기탁의 좋은 예지요. 이백의 〈조발백제성早發白帝城〉이란 시를 보면 기탁과 기탁을 통해 얻어낸 세를 볼 수 있습니다.

아침 오색구름 속 백제성을 하직하고 朝辭白帝彩雲間

천 리 떨어진 강릉을 하루 만에 돌아왔네 千里江陵一日還

양쪽 언덕 처절한 원숭이 울음 이어지고 兩岸猿聲啼不住

가벼운 배는 어느덧 만 겹의 산을 벗어났다 輕舟已過萬重山

_〈조발백제성〉

채운彩雲과 경주輕舟, 백제성으로 유배되어 유배지로 향하는
중에 이백이 사면령을 받았습니다. 중국은 워낙에 땅덩어리가 넓
어 유배지에 도착하기도 전에 죽기도 하고 사면령을 받기도 하는
데 이 시는 이백이 사면되어 돌아올 때 지은 시입니다. 이 시에서
오색구름과 가벼운 배가 이백의 마음과 감정을 대신하고 있습니
다. 사면되어 돌아가는 이백의 신나는 마음이 기탁된 대상이지요.
〈경하비이교회장자방經下邳圯橋懷張子房〉이라는 시에서는 장량
을 이야기했습니다. 스스로의 심정과 감정을 장량에 기탁해서 말
한 것이고요, 〈원별리遠別離〉라는 시에서는 아황과 아영을 이야
기했는데 그들에 기탁해 당시 왕과 대신들의 무능함과 권력 남용
을 비판했습니다. 기탁에 능한 이백. 앞서 병법에 성동격서라는
것이 있는데 그것이 미학의 장르로 오게 되었다고 이야기했습니
다. '홍운탁월'이라는 그림 기법도 예로 들어 이야기했지요. 동양
미학은 그런 성동격서식의 표현이 중요합니다. 특히 기탁은 미학

에서 성동격서의 대표적인 예라 할 수 있습니다. 말한 바는 여기에 있으나 그 뜻은 저기에 있습니다. 말한 바는 이쪽이나 시인의 감정과 의도는 저쪽에서 드러납니다. 동쪽에서 변죽을 울렸지만 서쪽에서 나타나는 군대처럼, 사물과 대상에 맡겨 이것을 말하지만 저것을 드러내고 이쪽을 지적하지만 저쪽을 이야기합니다. 기탁에 능해야 살아 있는 시, 세를 가진 시를 만들 수 있습니다.

함축

시를 함축의 예술이라고 합니다. 함축이란 불필요한 말들을 가혹할 정도로 덜어내고 쳐내는 것을 말하는 것이지요. 그리고 작가의 사상 감정을 직접 분명하게 말하는 대신 암시성이 풍부한 언어를 통해 간접적으로 말하는 것입니다. 앞서 말씀 드린 기탁도 함축의 범주에 들 수 있습니다. 함축은 장치입니다. 독자의 상상력을 자극하고 스스로 해석하도록 하는 시적 장치입니다. 함축미가 있어야 시이고 함축미가 강해야 세를 가진 시라 할 수 있을 것입니다.

품은 뜻과 하고 싶은 말 가운데 3할만을 말로 하면 시경에 가깝다고 하고 그 가운데 6할만을 말로 하면 이백과 두보의 경지라

합니다. 덜어내고 덜어내서 말할 수 있어야 합니다. 흔히 시를 짓는 것은 말하고 싶은 것을 활자화하는 게 아니라 불필요한 것들을 쳐내는 과정이라고 하지요. 할 말이 200자 있다면 절반이 아니라 10분의 1인 20자로 줄일 수 있어야 합니다. 하려는 말을 모두 늘어놓는다면 세가 없는 죽은 시가 됩니다.

기탁에서 많이 쓰이는 비와 흥은 함축미를 만들어주는 것에 있어서 중요한 장치입니다. 핵심이라 할 수 있지요. 시는 말 없음이 아니라 말 많음이 문제이고 재주가 없는 것보단 재주를 드러내는 게 문제인데 비와 흥의 기탁을 통해 말을 줄이고 덜어내고 쳐낼 수 있습니다.

대교약졸

대교약졸은 매우 공교한 솜씨는 서툰 듯 보인다는 말입니다. 사실 손자가 말한 졸속의 전쟁을 노자가 시적으로 표현해준 것이지요. 이는 전쟁에서 나온 원칙입니다. 멋 부리지 말고 졸렬하지만 최대한 빠르게 승부를 보아라. 그래야 최소 비용, 최대 효율의 승리가 가능하다. 시 또한 함축미가 생명이기에 대교약졸이라는 원칙이 중요합니다.

말이 모든 뜻을 드러낼 수 없고 외려 진정으로 드러내고 싶었던 의도를 왜곡하는 경우가 많습니다. 길게 말하지 말고 멋 부리지 말아야 합니다. 두보의 시를 보지요.

기왕의 집에서 늘 만나보았는데 岐王宅裏尋常見

최구의 집 앞에서 몇 번이나 들었던가 崔九堂前幾度聞

강남 땅 풍경이 정히 좋은데 正是江南好風景

꽃 지는 시절에 그대를 만났네 落花時節又逢君

_〈강남봉이구년江南逢李龜年〉

장안 시절에는 두보나 이구년이나 모두 당대 세력가들의 파티에 초대받을 정도로 명성이 대단했습니다. 정말 좋은 시절을 보냈지요. 특히 이구년은 호화로운 세월을 보냈습니다. 그러나 안녹산安祿山의 난이 일어나고 장안성이 반란군의 손에 들어간 뒤 두 사람은 정처 없이 유랑하게 되었지요. 무상한 세상일, 두 사람은 피난민의 신세로 전락하여 우연히 만나게 되었는데 서글픔을 늘어놓지 않고 꽃 지는 시절이란 말로 압축해서 표현했습니다. 꽃이 진 시절, 참 의미심장하지요. 이 표현은 두 사람의 처지뿐만 아니라 국세를 크게 잃어버린 당나라의 사정을 말해주는 것이기도 합니다. 함축미를 잘 보여준 시라고 할 수 있습니다.

그러나 함축미를 만든다고 그 말들이 난해하기만 해서는 안 됩니다. 어디까지나 이해와 해석이 가능하게 여지를 남겨둬야 합니다. 그렇게 해서 독자의 참여와 세심한 감상을 유도해야 합니다. 또 함축미를 발휘하기 위해서는 기탁이란 요령 못지않게 여백미가 중요한데 여백미를 곧 함축미라고도 할 수 있습니다.

여세

유협이란 문학이론가가 쓴 《문심조룡》이라는 문학비평 이론서가 있습니다. 여기에 함축미에 대한 이야기가 나옵니다. "글 바깥에 또 다른 의미가 함축되어 있는 것으로 은隱이란 것이 시에 있는데 그 은이 시에 있어야 한다. 은이 있어야 기묘한 소리가 옆으로 퍼져나오듯 감추어진 색채가 몰래 피어나듯 하니 감상하는 사람이 질리지 않는 뛰어난 예술미를 지니게 된다."

은하게 해야 합니다. 감추어 함축미를 만들어야 합니다. 그래야 독자도 단순히 감상자로 머무르지 않고 참여자로 거듭날 수 있습니다. 해석에 스스로 참여해 보고 해석을 위해 세심한 감상을 하도록 자극하고 유도할 수 있지요.

그렇기에 함축미가 강한 시에는 여세餘勢가 있습니다. 남아 있는 세, 기운이 있습니다. 해석에 독자가 참여할 수 있고 관점을 바꾸어 감상해 볼 수 있는 시는 세가 남았다, 즉 여세가 있다 하지요.

붉은 해는 산을 의지해 다하고 白日依山盡

누런 강은 바다로 들어가 흐르는데 黃河入海流

천 리 더 멀리 바라보고자 欲窮千里目

다시 더 한층을 올라갔네 更上一層樓

_〈등관작루 登鸛雀樓〉

관작루. 산서성에 있는 누각입니다. 중국의 4대 명루라고 하는데요. 이 건물은 3층으로 이루어져 있습니다. 누각에 오른 선비는 붉은 해가 산에 기대어 지고 유장한 황하가 끝없이 흘러가는 것을 시야에 두고 있네요. 황하가 바다로 흐른다는데 섬서성에서 어찌 바다가 보이겠습니까? 황해까지 수천 리 먼 길인데 말이죠. 이 강물이 흘러서 바다까지 갈 것이라고 상상을 하는 것입니다. 이렇게 광활한 풍경을 조망하는 선비는 한층 더 누각을 올라갑니다. 천 리 바깥의 풍경까지 바라보고 싶기 때문이죠.

1구와 2구는 2층에서 바라본 풍경. 2층에서 이미 유장한 풍경을 담아두고 있지만 선비는 천 리 바깥의 풍경까지 시야에 두고 싶어 누각을 한층 더 올라 3층으로 갑니다. 그는 만족하지 않고 더 멀리 보고자 합니다.

한층 더 올라서는 선비. 이 시가 손꼽히는 이유입니다. 자, 위대한 시는 시에 표현된 감정을 읽는 이가 새로운 출발점으로 삼게 해야 한다고 합니다. 그렇게 시적 화자가 표현한 감정을 독자가 새로운 출발점으로 삼으려면 앞서 말한 여세란 게 있어야겠지요. 남은 기운, 남아 있는 세가 있어야 합니다. 이 시는 여세가 아주 강하게 표현된 시라고 할 수 있습니다. 길게 말하지 않고 '한층 더'라는 표현만으로 끝없는 성장과 진취적인 기상을 표현했고 그것이 진한 여운을 남기고 있지요. 또 살아 있는 기운으로 포착되고요. 함축미를 통해 여세를 만들어주고 그러면서 되새김질의 미학을 보여줘야 합니다. 시는 끊임없이 되새김질할 수 있는 미적 세계를 독자들에게 제공해야 하는데 여세가 이를 만들어줍니다.

여세의 다른 예를 들어 보겠습니다.

조정은 망했어도 산하는 그대로요 國破山河在
성안은 봄이 되어 초목이 무성하네 城春草木深
시대를 슬퍼하여 꽃도 눈물 흘리고 感時花淺淚
한 맺힌 이별에 나는 새도 놀라는구나 恨別鳥驚心

봉화불은 석 달이나 계속 오르고 烽火連三月

집에서 온 편지 너무나 소중하여라 家書抵萬金

흰 머리를 긁으니 자꾸 짧아져 白頭搔更短

이제는 아무리 애써도 비녀도 못 꽂겠네 渾欲不勝簪

_〈춘망春望〉

여세를 위해선 함축미도 중요하지만, 다양한 해석의 여지를 주는 것도 중요합니다. 두보의 〈춘망〉은 그런 해석의 여지가 돋보이는 시인데요. 1, 2구는 두 가지로 해석이 가능합니다.

국파산하재 國破山河在, '조정은 망했어도 산하는 그대로요'라는 구절은 나라가 심하게 망가져 산하만 남았다, 정말 세상의 끝이 보인다, 보통 철저한 비관의 의미로 많이 해석합니다. 그런데 나라가 파괴되었지만 산하는 남아 있다, 즉 아직은 희망이 있다, 이렇게 희망을 피력하는 의미로 해석하기도 합니다.

성춘초목심 城春草木深, '성안은 봄이 되어 초목이 무성하네'라는 해석은 봄이 되었으나 술렁이는 성안의 기운은 없고 초목만 무성하다, 비관적인 뜻으로 보는 겁니다. 평소 같았으면 봄나들이로 성안에 사람이 많았을 텐데 초목만 무성한 현실을 보고 개탄하고 슬퍼하는 것이라고 해석하는 겁니다. 또 다른 해석으로 '성안에 봄이 오니 변함없이 초목이 무성해진다'라는 것이 있습니다. 성은 부서졌지만 어김없이 봄이 돌아왔고 초목은 다시 자란다. 이건 긍정적인 해석으로 희망을 피력했다고 보는 겁니다.

이렇게 해석에 독자가 참여하도록 하는 시가 강한 여세를 주는 시가 아닐까 싶습니다. 압축시켜 보여주고 숨긴 다음 찾아보게 하고 다양한 해석의 여지를 줘야 합니다. 여세가 있어야 합니다. 세가 남아야 시는 생물이 됩니다.

30

대구와 시안

시와 세 3

짝을 이루어 호응하다

시에서 세를 만들려면 잊지 말아야 할 것이 또 있습니다. 시 안에서 대와 대구를 만드는 것입니다. 대를 이루어 짝으로 서로 호응하게 해야 시 안에 생명력이 생기는데 앞서 논했던 풍수지리에서도 짝을 이루는 게 중요했지요. 풍수지리에서 명당 중에 최고의 명당이라고 하는 형국의 땅, 복호형伏虎形 명당이 좋은 예입니다.

호랑이가 느긋한 자세로 엎드려 있는 형의 땅을 복호형이라고 합니다. 호랑이가 느긋하게 엎드려 있다는 것은 배가 부르다는 뜻인데요, 호랑이만 있으면 안 됩니다. 개도 있어야 합니다. 엎드린 호랑이 형국의 땅 앞에 반드시 강아지들에게 젖을 먹이는 어미 개 모양의 산이나 바위 혹은 언덕이 있어야 하지요. 그래야 복호형 형국의 명당이 제 기능을 합니다. 배부른 호랑이와 새끼를 거느린 어미 개가 서로 마주해야 배부른 호랑이도 좋고 새끼를 거느린 어미 개도 좋답니다. 이렇게 대對를 이루어 적절한 긴장 관계를 형성하고 장력과 팽팽함이 느껴져야 합니다. 그래야 최고 명당으로 인정받게 되지요.

충남 연기에 복호형 명당이 있다지요. 지금은 세종시가 된 곳인데요, 충남 연기군 전의면 유천리 양안. 거기에 구암사적狗岩事蹟이라는 표석에 이런 말이 있답니다. "전의 이씨 선산의 묘소는 풍수상 복호 땅인데 묘소의 북동쪽 500미터 떨어진 곳에 어미 개가 강아지를 거느리고 있는 형상의 바위들이 있다. 이것은 엎드린 호랑이의 먹이로서 명당으로 성립하는 데 필수적인 개 바위이다. 그렇기에 우리 전의 이씨 자손들이 아껴온 것이다."

강아지를 거느린 어미 개 형상의 바위들이 몇 번이나 없어질 위기가 있었답니다. 1903년 경부선 철도와 1909년 탄약창 철도 부설 때에도 위기가 있었는데 항상 그 문중에서 안간힘을 써서 막았다지요. 개 바위가 사라지면 호랑이는 배가 고파질 것이고 명당의 형이 어긋나며 명당의 세가 사라지고 기능을 하지 못하게 됩니다. 이렇게 항상 어미 개와 호랑이가 같이 있어 어떻게든 짝을 이루어야 합니다. 동양은 이렇게 뭐든 짝이지요. 관계를 이루어야 합니다. 대를 이루어야 하고 마주봐야 합니다. 세를 만들려면 짝을 이루고 대를 이루어야 합니다. 앞서 설명한 대로 그림도 그렇고 서예도 그렇고 시도 그 안에서 짝을 이루고 대를 이루어야 합니다.

맑은 강 한 굽이 마을을 안고 흐르니 清江一曲抱村流

긴 여름 강촌에는 일마다 그윽하도다 長夏江村事事幽

집 위에 제비는 절로 가고 오며 自去自来堂上燕

물 가운데 갈매기 서로 벗하고 가깝구나 相亲相近水中鸥

늙은 아내는 종이 위에 바둑판을 그리고 老妻畵纸为碁局

어린 아들은 바늘을 두드려 낚시를 만드는데 稚子鼓针作钓钩

병이 중해 얻고자 하는 건 오직 약물뿐이니 多病所须唯药物

미약한 이 몸이 이밖에 무엇을 더 바라리오 微躯此外更何求

_〈강촌 江村〉

두보의 시입니다. 많은 말들이 대를 이루어 시의 힘을 만들어내고 있습니다. 강과 여름, 공간과 시간이 짝을 이루고 움직이는 강과 정지해 있는 마을, 동動과 정靜이 짝을 이루고 여름과 강 그리고 마을과 사람, 즉 자연과 문명이 짝을 이룹니다.

1~4구에서는 자연 풍경을 묘사하고 5, 6구에서는 가족을 이야기하는데 자연의 풍경과 인간의 일이 대를 이룹니다. 5, 6구에서는 부인과 아들이 서로를 대를 이루고 5, 6구의 부인과 아들이 7, 8구에서 말하고 있는 나와 대를 이루지요. 3, 4구 자연 사물들 사이의 정감과 5, 6구 인간 사이의 정감도 대를 이루고 있습니다.

앞서 손자의 병법에서 기와 정이 서로 짝을 이루고 조화해야 군대에 힘이 생기고 생명력을 갖는다고 이야기했습니다. 반대되는 것들끼리 서로 합을 이루고 조화하여 호응하고 밀고 당기면서 긴장감을 형성해야 힘이 생기는데 병법의 영역만이 아니라 예술의 전 영역에서도 그렇게 호응과 대, 짝을 이루는 것이 중요합니다. 음과 양의 조화, 허와 실의 조화, 동과 정의 조화. 동양은 이렇게 대구와 짝을 이루어 생명력을 만들고 거기에서 아름다움을 찾습니다.

두보의 시를 하나 더 보겠습니다.

바람 세찬 높은 하늘에 원숭이 슬피 울고 風急天高猿嘯哀

말간 물가, 하얀 모래, 빙그르르 나는 새 渚清沙白鳥飛廻

가없는 수풀엔 낙엽이 우수수 떨어지고 無邊落木蕭蕭下

끝없는 장강엔 강물이 넘실넘실 흐른다 不盡長江滾滾來

만리에 슬픈 가을, 항상 나그네 몸이요 萬里悲秋常作客

백 년에 많은 질병, 혼자 오르는 산이로다 百年多病獨登臺

가난한 삶이라, 흰 살쩍이 몹시 한스럽고 艱難苦恨繁霜鬢

노쇠한 몸이라, 탁주 잔을 새로 멈춘다 潦倒新停濁酒杯

_〈등고登高〉

1구는 위에서 본 경치, 2구는 아래에서 본 경치로 서로 대를 이룹니다. 3구와 4구는 '무無'와 '불不', '낙목落木'과 '장강長江', 부사 '소蕭'와 '곤滾', 동사 '하下'와 '래來'가 대를 이루고 있습니다. 천하 명구입니다. 이렇게 대를 만들어주는 것은 시의 생명을 창조하는 것입니다.

5구와 6구 '만리萬里'와 '백년百年', '비추悲秋'와 '다병多病', '상常'과 '독獨', '작객作客'과 '등대登臺'도 대를 이룹니다. 나그네 신세와 혼자 오르는 산도 대를 이루며 호응합니다.

시 안에 만들어진 대와 대 사이의 호응이 잘 되어 있는 명시를 하나 더 이야기해 보겠습니다. 중국의 시가 아니라 우리 시입니다. 박은朴誾의 〈복령사福靈寺〉라는 시입니다.

절집을 돌아보니 옛 신라 시대 그대로이고 伽藍却是新羅舊

천불상은 다 서역 축국에서 온 것들이네 千佛皆從西竺來

옛날에 신인이 찾아 천지를 헤매던 땅이었는데 終古神人迷大

지금은 천태산 같은 복된 땅이라지 至今福地似天台

봄 그늘 찌푸려도 새들은 조잘대고 春陰欲雨鳥相語

늙은 나무 무정한데 바람만 서글프다 老樹無情風自哀

만사는 한바탕 웃음거리 아니겠소? 萬事不堪供一笑

청산도 한갓 세상에 날리는 흙먼지로다 靑山閱世只浮埃

이 시의 5, 6구에서 봄 그늘은 잔뜩 찌푸려 있는 모습으로 금방이라도 비를 내릴 것만 같습니다. 그런데 새들은 아랑곳 않고 즐거운 노래가 한창이네요. 풍상을 겪어 늙은 나무는 무표정합니다. 그런데 바람이 엉뚱하게도 슬프답니다. 슬퍼야 할 것은 나무인데 사람이 슬프니 바람에 기탁해 슬픈 감정을 말한 것인데 찌푸린 봄 그늘과 지저귀는 새가 대를 이루고 무정한 늙은 나무와 슬픈 감정이 있는 유정한 사람이 대를 이룹니다. 이렇게 대구의 짜임새가 좋고 그 사이에 미묘한 긴장이 보이지요. 대를 통해 이 시는 힘과 세를 얻었습니다.

혈

시안詩眼이라는 것이 있습니다. 말 그대로 시의 눈입니다. 풍수지리에서 명당의 혈, 혈처와 같은 것이지요. 앞서 그림과 세에서 말한 해위와 같은 곳이기도 하고요. 생명력이 응집된 곳이 있어야 합니다. 시에도 혈이 있어야 명시가 될 수 있고 생명력을 지닌 시가 될 수 있습니다. 시안詩眼, 시의 눈, 시 전체의 내용과 의미와 연계를 가진 시의 생명력이 응집된 곳이 있어야 시가 숨을 쉴 수 있습니다. 아무리 땅의 조건이 좋아도 혈이 없으면 또는 혈을 찾지 못한다면 소용없듯이 시를 구성하고 있는 시어들도 하나하나가 다 최선의 것들로 구성되어도 시의 눈이 없으면 아무 소용이 없다고 하지요.

시 전체를 빛나게 하고 활기를 띠게 하는 구와 글자가 있어야 합니다. 활구와 활자는 정말 중요합니다. 가옥을 떠받치고 있는 대들보가 집에서 가장 중하고 가옥의 여러 가지 자재물이 대들보가 있기에 존재의 의미가 있는 것처럼 시의 대들보인 시안을 반드시 만들어줘야 합니다. 그렇지 않으면 클라이맥스 없는 노래와 소설처럼 될 뿐입니다.

청나라의 오대수鳴大受는 《시벌詩筏》에서 다음과 같이 말했습니다. "시의 명수가 시구를 다듬으면, 벽에 그린 용 그림에 마지

264

막 눈동자를 찍자 그 용이 비늘을 꿈틀거리며 날아오르는 것처럼 살아난다. 경이로운 한 구절이 시 전체를 기발하게 만드는 것이다."

화룡점정을 가지고 시안을 설명하고 있는데 시의 눈을 만들어내서 용을 만들어주라는 것이지요. 시가 용이 되도록. 앞서 용과 세를 따로 한 장 떼어내 이야기했는데 변화와 생명력의 상징인 용은 이렇게 세와 동의어라고 해도 과언이 아닙니다. 시 전체를 용으로 만들어주는 경이로운 한 구절이 시안인데 시안을 만들려고 할 때 꼭 염두해야 할 것이 있답니다. 하나의 활구든 하나의 활자든 시안을 만들기 위해서는 무턱대고 하나를 영롱하게 만드는 데 주력하는 게 아니라 시 전체를 볼 수 있어야 한다네요. 구와 글자에 매몰되어 시야가 좁아져선 안 됩니다. 풍수의 대가가 혈을 전체 풍경과 연관시켜 보듯이 시인도 시의 혈인 시안을 시 전체와의 연관성 속에서 봐야지요. 하나의 구와 글자에만 시야가 한정되어 그것만 가다듬는다면 시안을 잃어 세를 가진 시를 만들 수 없습니다.

한 글자에 죽고 산다

구 하나에 시가 죽고 삽니다. 글자 하나에 시의 생명이 좌지우
지됩니다. 그런 예로 우선 앞서 살펴본 왕지환의 〈등관작루〉가
있겠습니다.

　이미 유장한 광경을 시야에 두고 있지만 더 멀리, 더 넓게 바라
보고자 다시 더 한층 올라갑니다. 갱更이라는 글자가 있어 시는
세를 얻어 용이 되었고 불후의 명작이 되었습니다.

　　봉황대 위에 봉황이 노닐었다는데 鳳凰臺上鳳凰遊

　　봉황은 가고 누대도 비고 강물만 흐르는구나 鳳去臺空江自流

　　오나라 궁궐의 화초는 오솔길에 막혀버렸고 嗚宮花草埋幽徑

　　진나라 귀인은 옛날 언덕의 무덤이 되었구나 晉代衣冠成古丘

　　심산은 하늘 밖에서 반 너머 떨어지고 三山般落靑天外

　　이수는 백로주에서 가운데가 나뉘었네 二水中分白露州

　　이제 모든 것 뜬구름이 해를 가리매 總爲浮雲能蔽日

　　장안은 보이지 않고 사람을 근심케 한다 長安不見使人愁

　　　　　　　　　　　　　_〈등금릉봉황대登金陵鳳凰臺〉

　이백의 시입니다. 이 시의 5, 6구에서 이백은 아주 높은 산을

이야기하는데, 하늘 높이, 하늘을 찌를 듯이라고 표현하지 않았습니다. '반락半落'이라고 표현했습니다. 이 표현이 이 시의 시안입니다. 그 가운데 '낙落'이 시의 눈이라 할 수 있는데 이백이 만든 이 시안 덕분에 산이 하늘 높이 솟아올라 구름 위까지 찌르는 것이 아니라 살아 움직이며 하늘에서 막 내려오는 듯한 느낌을 줍니다. 이렇게 시안을 만들어서 힘찬 기운을 가진 시를 만들 줄 알았기에 이백인가 봅니다. 맹호연의 시를 보겠습니다.

밤중에 녹문산으로 돌아가며 夜歸鹿門山歌

산사 종소리 날은 이미 저물고 山寺鐘鳴晝已昏

어량 나루터에는 배 타려는 이들의 떠들썩한 소리 魚梁頭爭渡喧

사람들은 모랫길 따라 강촌 나루터로 향하고 人隨沙路向江村

나 역시 배 타고 녹문으로 간다네 余亦乘舟歸鹿門

녹문에 뜬 달은 안개 속의 나무를 비추이다가 鹿門月照開煙樹

홀연히도 방공 머무는 곳을 다다르네 忽到龐公棲隱處

돌문에 오솔길은 온종일 고요한데 巖扉松徑長寂寥

오로지 외로운 은자만이 홀로 오고 간다네 惟有幽人自來去

_〈야귀녹문산가夜歸鹿門山歌〉

이 시에서는 전원생활의 고즈넉함이 보이지만 전원에서 살아야 하는 자신의 삶에 대한 아쉬움도 드러내고 있습니다. 특히 3, 4구에서 그의 내면이 잘 보입니다. 사람들은 강촌 나루터로 향합니다. 집으로 가는 거지요. 나루터를 거쳐 자신들의 집으로 돌아가야 하니까요. 시적 화자인 맹호연도 자기 집으로 돌아갑니다. 여역승주귀녹문余亦乘舟歸鹿門, 나 역시 배를 타고 녹문으로 간다고 했는데 여기서 역시라는 뜻의 역亦이 시에 긴장감을 주네요. 이 부분이 이 시의 시안입니다.

전원생활의 고즈넉함이 잔잔하게 드러나고 전원생활에 대한 아쉬움 또한 잔잔히 드러나지만 이는 이 시의 주제가 아닙니다. 주변인이자 경계인인 자신의 모습이 주제지요.

맹호연은 왕유의 추천으로 출사하려 했으나 현종이 그의 시 〈귀종남산歸終南山〉의 '부재명주기 다병고인소不才明主棄 多病故人疎', 즉 '재주 모자라니 임금도 나를 버리고, 다병하여 친구들과도 소원하다'라는 시구를 대단히 불쾌히 여겨 끝내 출사하지 못하게 했고 그래서 자연으로 귀의했습니다. 하지만 정말 귀의한 게 아닌 것 같지요. 정말로 마음을 굳혔다면 자연 속의 민중들과 어울리지 못할 바도 없었을 것입니다. 이도 저도 아닌 주변인, 경계인의 모습이 보입니다. 아직 세상에 미련이 많이 남은 시적 화자의 내면, 맹호연 내면의 갈등이 보이는데 그것을 3, 4구에서 특히 역이 잘 보여주었습니다. 그러면서 시 전체 주제가 살아나 보이게 되었지요.

　정말 시에서 아쉬움과 미련이 보이지요. 명예와 벼슬길에 대한 미련이 잘 보입니다. 역이 이 시의 영롱한 눈이 되어 시에 생명력을 불어넣었습니다.

주역과 세 1

괘
사
와

효
사

64가지 상황

《주역》은 건괘부터 미제괘까지 64괘로 이루어져 있습니다.
64개의 테마이고 예순네 가지의 인생 이야기지요. 한 괘, 한 괘
마다 우리가 세상을 살면서 언제든 마주할 수 있는 상황을 담고
있습니다. 호랑이 꼬리를 밟았을 때, 진흙 구덩이에 빠졌을 때,
짝을 만나 결혼해야 할 때, 용기있게 길을 개척해야 할 때 등 우
리가 맞닥뜨려야 할 삶의 조건과 상황을 제시하고 있는데요,
《주역》도 세로 읽을 수 있습니다.

　《주역》은 먼저 8괘부터 알아야지요. 건乾, 곤坤, 감坎, 리離, 손

巽, 태兌, 진震, 간艮. 이렇게 8괘를 기초로 합니다.

건乾 하늘입니다. 굳셈을 상징합니다.

곤坤 땅입니다. 유순함을 상징합니다.

감坎 물입니다. 험난함을 상징합니다.

리離 불입니다. 밝음과 붙음을 상징합니다.

손巽 바람입니다. 들어감을 상징합니다.

태兌 연못입니다. 기쁨을 상징합니다.

진震 우뢰입니다. 움직임을 상징합니다.

간艮 산입니다. 멈춤을 상징합니다.

하늘과 땅, 물과 불, 바람과 연못, 우레와 산 여덟 가지 자연물을 상징하는 8괘가 있습니다. 기본 괘인데요, 여기서 그치지 않고 8괘를 위아래로 하나씩 배치해 두 개씩 짝을 지어 8×8=64, 즉 64괘를 만들었습니다. 그것으로 인간이 세상을 살면서 부딪힐 수 있는 각종 상황을 상징으로 표현했습니다. 한 괘는 네 부분으로 구성되어 있습니다. 괘의 이미지, 괘의 이름, 괘의 큰 줄거리, 상세한 줄거리 이렇게 네 부분으로 구성되어 있죠.

먼저 괘상卦象이라는 게 있습니다. 그림, 이미지를 괘상이라고 합니다. 가장 먼저 여덟 개의 기본 괘 가운데 두 개가 서로 만나

상괘 \ 하괘	乾 (건)	兌 (태)	離 (리)	震 (진)	巽 (손)	坎 (감)	艮 (간)	坤 (곤)
乾 (건)	01 乾 중천건	43 夬 택천쾌	14 大有 화천대유	34 大壯 뇌천대장	09 小畜 풍천소축	05 需 수천수	26 大畜 산천대축	11 泰 지천태
兌 (태)	10 履 천택리	58 兌 중택태	38 睽 화택규	54 歸妹 뇌택귀매	61 中孚 풍택중부	60 節 수택절	41 損 산택손	19 臨 지택림
離 (리)	13 同人 천화동인	49 革 택화혁	30 離 중화리	55 豊 뇌화풍	37 家人 풍화가인	63 旣濟 수화기제	22 賁 산화비	36 明夷 지화명이
震 (진)	25 无妄 천뢰무망	17 隨 택뢰수	21 噬嗑 화뢰서합	51 震 중뢰진	42 益 풍뢰익	03 屯 수뢰준	27 頤이 산뢰이	24 復 지뢰복
巽 (손)	44 姤 천풍구	28 大過 택풍대과	50 鼎 화풍정	32 恒 뇌풍항	57 巽 중풍손	48 井 수풍정	18 蠱 산풍고	46 升 지풍승
坎 (감)	06 訟 천수송	47 困 택수곤	64 未濟 화수미제	40 解 뇌수해	59 渙 풍수환	29 坎 중수감	04 蒙 산수몽	07 師 지수사
艮 (간)	33 遯 천산돈	31 咸 택산함	56 旅 화산려	62 小過 뇌산소과	53 漸 풍산점	39 蹇 수산건	52 艮 중산간	15 謙 지산겸
坤 (곤)	12 否 천지비	45 萃 택지취	35 晉 화지진	16 豫 뇌지예	20 觀 풍지관	08 比 수지비	23 剝 산지박	02 坤 중지곤

▶ 주역 64괘. 8괘를 위아래로 하나씩 배치해 짝을 이뤄 64괘를 만든다. 괘상, 괘명, 괘사, 효사로 구성된다.

이미지를 만드는데 하괘와 상괘로 구성되지요. 그리고 나서 괘의 이름인 괘명卦名이 나옵니다. 송訟괘, 사師괘, 관觀괘, 몽蒙괘, 수需괘, 미제未濟괘 등 64괘 각각 고유한 이름이 있습니다.

그 다음에는 괘 전체에 대한 큰 줄거리, 대략의 이야기가 나오고 이어서 상세한 줄거리가 나옵니다. 큰 줄거리를 괘사卦辭라고 하고 구체적인 이야기는 효사爻辭라고 합니다. 괘사는 해당 괘에 대한 전체적이면서도 간략한 소개, 효사는 구체적인 이야기인데요. 각 괘로 대변되는 삶의 상황과 조건을 구체적으로 말해줍니다. 모든 괘가 여섯 개의 효로 구성되어 있기에 효사는 보통 6개입니다. 즉, 괘사 1개에 효사 6개! 괘사는 짧은 한 단락으로 구성된 대략의 설명, 효사는 여섯 부분 또는 여섯 단계의 설명이 되겠습니다.

그중 괘사와 효사를 세라고 할 수 있습니다. 괘사는 괘가 상징하는 조건과 상황을 대략 말해주고 효사는 괘가 상징하는 인간을 둘러싼 조건과 상황을 구체적으로 보여주는 것이지요. 특히 효사는 여섯 단계로 조건과 상황이 어떻게 발전하고 변화해가는지 보여줍니다.

간단히 몇 가지만 소개해 보겠습니다. 비否괘 같은 경우는 하늘이 위에 땅이 아래에 있는 괘입니다. 하늘을 상징하는 건乾괘가 위에, 땅을 상징하는 곤坤괘가 아래에 있습니다. 하늘은 위에 있고 땅이 아래에 있어 모두 제자리에 있으니 좋은 상황을 상징하는 것 같지만 아닙니다. 하늘은 위로 올라가려고 하고 땅은 아래로 내려가려 하므로 하늘과 땅 둘 사이는 벌어지기만 하고 아무런 교감도 생기지 않습니다. 그래서 비괘는 불통의 세상을 상징합니다. 만나지 못하고 교감하지 못하는 조건과 상황을 말하는 것이지요. 비괘의 반대는 태泰괘입니다. 땅이 위에 하늘이 아래에 있는 괘인데 위에 있는 땅은 내려가려 하고 아래에 있는 하늘은 올라가려 하는 상황으로 하늘이 내려가고 땅이 올라갔으니 둘이 만났습니다. 소통과 교감이 이루어졌습니다. 땅이 위에 있고 하늘이 아래에 있는 것은 실제 자연계에서는 볼 수 없는 것이지만 둘이 만나 교감이 이루어졌다는 상징입니다. 그래서 이 태괘는 교감과 소통이 이루어진 인간 삶과 세상의 조건과 상황일 수 있습니다. 건蹇괘는 산과 물이 가로막아 앞으로 나아가지 못하는 상황을 상징합니다. 물을 상징하는 감坎괘가 위에 산을 상징하는 간艮괘가 아래에 있어 난관에 놓여 있는 상황입니다. 송訟괘가 나오면 재판, 몽蒙괘가 나오면 교육과 관련된 상황이고요, 겸謙괘는 겸손함으로 임해야 하는 조건과 상황입니다.

이렇게 주역에는 괘사 64개, 효사 386개[16] 등 모두 450개의 이야기가 나오는데 모두 상황에 대한 세를 보여주고 설명하고 그 상황이 길할지 흉할지를 이야기해주는 것입니다.

혁괘, 혁명의 세

《주역》이 어떻게 인생과 세상의 세를 보여주는지 49번째 괘인 혁革괘로 설명해보겠습니다. 혁괘는 혁명과 관련된 세입니다.

혁괘를 보면 괘의 모양이 연못이 위에 불이 아래에 있는 형국입니다. 물은 아래로 내려와 불을 끄고 불은 위로 타올라 물을 말려버리는 상극 관계로, 현 상태가 유지될 수 없는 변혁의 시기를 상징합니다. 괘사는 다음과 같습니다. 전환의 시기인 기일己日에 변혁을 추진하면 사람들의 이해와 신뢰를 얻어 크게 형통할 것이니 정도를 지키면 이롭고 결국 회한이 사라질 것이라고. 이렇게 괘사는 혁명과 관련된 세임을 명확히 보여주지요.

효사는 구체적으로 혁명과 관련된 세를 보여줍니다. 혁명이라는 조건과 상황이 어떻게 변해가고 진행되는지 세의 변화 과정을 보여주지요. 여섯 개의 효사를 위아래로 세 개씩 나누어서 볼 수 있습니다. 아래의 세 효는 혁명이 발발하기 전의 상황, 위의 세 효는 혁명이 터진 뒤의 상황을 말합니다. 《주역》은 아래에서부터 읽어나가는데 아래의 세 효, 즉 하괘의 세 효가 전반전이라면 위의 세 효, 즉 상괘의 세 효가 후반전이지요.

① 질긴 황소 가죽으로 자신을 단단히 단속해야 한다. 鞏用黃牛之革.

아직 때가 아니라는 의미입니다. 섣불리 움직이면 안 된다는 것인데, 혁명의 시기가 무르익지 않았으니 행동을 취하는 것은 위험합니다. 첫 번째 효사는 이렇게 세를 설명하네요. 경거망동하지 말라는 거지요.

② 변환의 시기인 기일에 변혁을 추진하며 적극적으로 행동하면 상서롭고 화가 없을 것이다. 巳日乃革之, 征吉, 无咎.

고대 중국에서는 갑甲, 을乙, 병丙, 정丁, 무戊, 기己, 경庚, 신辛, 임壬, 계癸, 즉 십간十干으로 날짜를 표시했습니다. 기일은 바로 앞 5일과 뒤에 오는 5일의 전화轉化기이므로 변혁, 전환, 혁명을 뜻합니다. 혁명을 해야 할 시기로 때가 된 것이지요. 시기가 무르익었으니 행동을 개시해야 합니다. 수동적인 자세를 취하고 가만히 있는다면 문제가 됩니다. 뭐라도 행동을 취해야 할 타이밍이 된 것입니다.

③ 조급하게 행동하면 반드시 흉할 것이니 정도를 굳게 지키며 후환에 대비해야 한다. 혁명을 요구하는 여론이 있더라도 다각도로 검토하고 깊이 생각하여 결정해야 사람들의 이해와 신뢰를 받을 수 있다. 征凶, 貞厲, 革言三就, 有孚.

힘든 상황입니다. 경거망동해서는 안 되고 조급하게 행동해서
도 안 되지만 결정은 결정대로 해야 하는 상황입니다. 가만히 있
어도 위험하고 행동을 해도 위험하고, 세 번째 효사가 말해주는
세가 이러하네요.

네 번째 효사부터는 후반전입니다, 혁명 후의 상황입니다. 혁
명 후 조건과 상황이 어떻게 진행되는지 효사들이 설명합니다.

④ 회한은 사라지고 대중의 신임을 얻어 천명을 바꾸니 상서롭다.

悔亡, 有孚改命, 吉.

사람들의 의지가 집결된 상황입니다. 혁명의 방향에 대해 사람
들이 이해하고 신뢰하는 상황이지요. 그러니 일어난 혁명에 조응
해야 하는 상황입니다. 내 눈 앞에 놓인 조건이 그러합니다.

⑤ 큰 사람이 호랑이처럼 변신하니 점을 쳐서 물어보지 않더라도
미더움을 얻을 것이다. 大人虎變, 未占有孚.

호랑이처럼 변신한다는데 굳센 대인, 대장부가 되어야 한다는
겁니다. 사리가 분명하고 위엄과 덕을 갖춘 사람. 그래야 세상이
뒤엎어진 시기를 날 수 있다는데 상황이 그러한가 봅니다. 대인

이 되어야만 하는 세입니다.

⑥ 군자는 표범처럼 변하여 공을 이루나 소인은 안면만 바꾸니 이런 상황에서 계속해서 나아가기만 하면 흉할 뿐이다. 조용히 머무르며 정도를 지켜야 상서로울 수 있다. 君子豹變, 小人革面, 征凶, 居貞吉.

혁명의 열기가 식은 상황입니다. 그래서 경거망동하거나 함부로 행동하면 안 되는 상황이라고 이야기합니다. 정리할 것은 정리하고 봉할 것은 봉하고 혁명 이후의 시기를 차근차근 준비해야 합니다. 그렇게 혁명으로 일군 성과들을 잘 지키고 유지하며 안정을 꾀해야 할 상황이라 합니다. 그렇지 않으면 소인배들이 고개를 들고 일어나 혼란이 극대화되는데 그런 경우 반동이 일어나고 혁명을 통해 애써 일군 세상의 변화가 물거품이 될 수 있습니다. 여섯 번째 마지막 효사가 설명하는 세가 그렇습니다.

자, 이렇게 혁괘의 효사들을 모두 순서대로 살폈는데 주역의 괘사와 효사가 삶의 조건과 상황, 즉 세를 어떻게 보여주고 설명해주는지 좋은 예가 되었을 거라고 생각합니다. 조건과 상황의 변화를 구체적으로 보여줬는데요, 첫 번째 괘인 건괘나 53번째 괘인 점漸괘에서도 그런 《주역》의 특징이 두드러지지요. 역동적으로 조건과 상황, 즉 세의 변화를 읽고 보고 가늠할 수 있습니다.

프레임

주역에서 괘란 프레임입니다. 세상을 보는 64개의 틀과 창문이라 할 수 있습니다. 사師괘는 전쟁과 격한 갈등 상황이라는 프레임이고 앞서 설명한 혁괘는 혁명이라는 프레임입니다. 함咸괘는 결혼, 결합, 연애와 관련된 프레임입니다. 혁괘가 나오면 혁명이라는 프레임으로 외부 사태를 봐야 할 것이고 함괘가 나오면 결혼과 결합이란 프레임으로 봐야 할 것이고 사괘가 나오면 전쟁이라는 프레임으로 봐야겠지요.

프레임은 내 앞의 조건과 상황을 제대로 보게 도와주지요. 상황을 보는 프레임이 적절해야 제대로 조건과 상황을 살필 수 있습니다. 잘못된 프레임으로 보면 조건과 상황을 볼 수 없지요. 또 특정한 프레임으로 상황을 보는데 제대로 상황이 읽히지 않는다면 프레임을 바꿔야 할 것이고 복수의 프레임으로 상황을 봐야 제대로 상황이 보일 수도 있습니다. 《주역》은 프레임을 제공해서 상황을 최대한 제대로 볼 수 있게 돕습니다. 거기에 《주역》의 필요성과 효용성이 있는 것입니다. 이상수 선생님의 이야기에 따르면 《주역》은 정치사회적 프레임과 개인적 프레임이 함께 있고 거기에 《주역》만의 가치가 있다고 합니다. 내 앞의 상황이 지극히 개인적인 일 같아 개인사적 프레임으로 관찰했지만 제대로 보이지 않습니다. 참 당혹스럽고 막막한데 이때 《주역》에 도움을 청해봅니다. 점을 보면 개인적 프레임이 아니라 정치사회적 프레임이 나올 수 있습니다. 점괘에 나온 대로 개인적 프레임을 버리고 정치사회적 프레임으로 내일을 바라보면 조건과 상황, 세가 제대로 읽힐 수 있습니다. 반대로 지극히 정치적 일이기에 정치사회적 맥락에서 봐야 할 일 같지만 점괘에서 개인사적 프레임을 보여준다면 개인사적 맥락에서 보는 겁니다. 그럴 때 조건과 상황이 제대로 읽힐 수도 있습니다. 이렇게 《주역》은 개인사적, 정치사회 공동체적으로 양분되는 64개의 다양한 프레임을 통해 눈앞의 세를 제대로 볼 수 있게 도와주지요.

32 진실한 마음과 강한 의지

주역과 세 2

기미

기미란 움직임이 일어나는 미세한 조짐이며 길흉이 먼저 드러나는

징조다. 幾者動之微 吉之先見者也.

_〈주역 계사전周易 繫辭傳〉

천년의 일을 알고자 한다면 오늘부터 헤아리고 억만 가지 일을 알

고자 한다면 한두 가지부터 살펴야 한다. 欲觀千歲, 則數今日; 欲知億

萬, 則審一二.

_《순자》〈비상非相〉

조짐 없는 변화 없고 기미 없이 닥치는 변화와 일도 없습니다. 모든 일은 기미와 징조를 먼저 보이고 닥친다,《주역》에서 전제하는 바지요. 기미를 잘 보고 조짐을 잘 읽고 판단하는 자가 혜안을 가진 지혜로운 이고 현자지요.

쉬운 데서 어려운 것을 도모하며 작은 데서 큰일을 행한다. 천하의 어려운 일은 반드시 쉬운 일에서 시작되고 천하의 큰일은 반드시 작은 일에서 시작된다. 圖難於其易, 爲大於其細; 天下難事, 必作於易, 天下大事, 必作於細.

고요히 있을 때는 유지하기 쉽고 아직 드러나지 않은 것은 도모하기 쉬우며 허약한 것은 쪼개기 쉽고 작은 것은 흐트러뜨리기 쉽다. 아직 있지 않을 때 그것을 위해 행동하고 아직 어렵지 않을 때 그것을 다스린다. 安易持, 其未兆易謀. 其脆易泮, 其微易散. 爲之於未有, 治之於未亂.

_《도덕경》

앞서《도덕경》을 병법서로 볼 수도 있다고 했습니다. 군대를 이끄는데 불안 요소가 있다면 커지기 전에 손봐야지요. 특히 실전에서 드러나기 전에 손봐야 합니다. 미미했던 약점이나 불안 요소가 실전에 돌입하면 승부의 변수가 될 수 있고 어느 순간 아주 커져 군 조직을 잡아먹을 수 있습니다. 군사가 아닌 조정의 일도 마찬가지입니다. 조정 안에 불안 요소가 없는지 살펴야 할 것이고 권력 누수 현상이 없는지 눈 부릅뜨고 지켜봐야 합니다.

한비자는 《도덕경》을 최초로 해석한 사람인데요, 이 부분을 이렇게 해석했습니다.

모든 거대하고 큰 사물은 반드시 처음에는 작은 것에서 생겨난 것이고 사물이 수적으로 크게 불어난 것도 반드시 적은 것에서 시작된 것이다. 이는 노자가 《도덕경》에서 "천하의 일은 반드시 쉬운데서 일어나고 큰일은 반드시 조그마한 데서 생겨난다"고 말한 이유이다. 그래서 사물을 다스리거나 제압하고자 하는 경우에는 초기에, 조그마할 때부터 판단하여 시행해야 한다. 어려운 일을 하고자 할 때에는 처음에 쉬웠던 때부터 시작해야 하고 큰일을 행할 때에는 작은 일에서부터 시작해야 한다. 천 길이나 되는 둑이나 저수지도 개미굴 때문에 무너지고 호화로운 궁궐도 굴뚝 틈새의 작은 불꽃으로 잿더미가 될 수 있기 때문이다.[17]

천 길이나 되는 둑이나 저수지도 개미굴 때문에 무너지고 호화로운 궁궐도 굴뚝 틈새의 작은 불꽃으로 잿더미가 될 수 있다고 했습니다. 군사 전략가와 전쟁 영웅들도 자주 했던 말이지요. 나

폴레옹도 거대한 둑이 작은 구멍 하나에 무너질 수 있다고 했는데 늘 조짐과 기미를 살펴야 합니다. 특히 나쁜 일, 화로 발전될 일의 기미와 징조를 봐야지요. 그 징조를 통해 나의 단점, 우리 조직 안의 불안 요소와 약점, 누수 현상을 볼 수 있는데 나의 약점과 불안 요소를 살피는 것은 결국 자신을 객관화해 보는 겁니다. 자만심을 버리고 막연한 낙관과 기대를 버리고 나를 객관적으로 살펴보는 거지요. 특히 부정적인 조짐을 읽으면서 내가 놓인 조건과 상황을 객관적으로 바라볼 수 있어야 합니다. 이를 통해 내가 놓인 세를 더 명확히 볼 수 있을 것입니다.

주역이 말해주는 조짐

《주역》 11번째 괘가 태泰괘인데요, 태괘를 보면 세 번째 효사에 이런 말이 있습니다.

기울어지지 않는 평탄함은 없고 돌아오지 않는 나아감은 없다. 어려움 속에서도 꿋꿋하게 인내하면 허물은 없다. 자기 진실을 외면하지 말라, 먹는 것에 복이 있구나. 无平不陂, 无往不复, 艰贞无咎。勿恤其孚, 于食有福.

태괘는 좋은 상황, 좋은 시절 성세成勢와 성세盛世를 의미하는 괘입니다. 그런데 세 번째 효사에 저런 말이 있네요. 태괘의 상황은 호시절입니다. 하지만 호시절은 마냥 지속되지 않습니다. 평화와 안정이 계속되면 부패와 불통의 상황이 올 수 있고 그렇게 변하도록 조건이 형성되기 쉽습니다. 막히고 소통이 되지 않는 상황이 올 수 있는데, 태괘의 세 번째 효사는 이를 말하는 듯싶습니다. 기울어지지 않는 평탄함은 없고 돌아오지 않는 나아감은 없고 조건과 상황은 반대 방향으로 변할 수 있습니다. 호시절에 인간이 보이는 방종과 태만을 경계하는 것이지요. 이 효사가 나오면 불안한 징조와 기미를 읽을 수 있어야 합니다. 《주역》 점을 쳐서 이런 효사가 나오면 반드시 경계 또 경계하며 나와 자신을 둘러싼 상황을 제대로 보려 해야 할 것입니다.

태괘의 여섯 번째 효사에서는 더욱 조짐과 기미에 대해서 분명하게 말해주는데요,

황토로 쌓아올린 성이 다시 황토로 돌아간다. 강제적인 무력을 쓰지 말라. 자신의 마을에 명령을 내린다. 편협한 지조는 위험하다.

城复于隍. 勿用师. 自邑告命, 贞吝.

황토로 쌓아올린 성이 다시 황토로 돌아간다. 무너진다는 뜻입

니다. 태평성대가 끝날 것이라는 징조를 말하고 있습니다. 덧붙여 그렇게 쇠락하는 흐름에 저항하거나 사태의 흐름을 억지로 막으려고 해서는 안 된다고 하네요. 상황을 받아들이며 순응하고 자기 단속을 잘하라고 이야기했습니다. 거기서 더 그치지 않고 그 세에 맞는 가장 적당한 처신 방법까지 말합니다. 《주역》은 이렇게 징조와 기미로서의 세를 말하고 그 세에 걸맞은 처신과 행동까지도 말하면서 일러주고 또 경계하는 경우가 많습니다.

세를 바꿀 수 있다

우리 삶에 깊숙이 들어와 발언하고 코치하는 《주역》은 늘 어리석음과 아집을 경고합니다. 어리석음과 아집을 만들어내는 욕심 또한 경고하는 한편 인내와 실천을 통해 나쁜 조건과 상황, 즉 세를 바꿔나갈 수 있다고도 말하지요. 조건과 상황이 나빠도, 세가 나빠도 인간이 행하기 나름이라는 것입니다. 인간이 인내하고 실천하고 바른 마음을 견지하면 세를 바꿔나갈 수 있다고 말하는 게 《주역》입니다. 그러면서 괘마다 어떻게 몸가짐과 마음가짐을 가질지 조언하는데 단순히 내 앞에 놓인 세만을 말하는 게 아니라 세를 바꾸고 개선시킬 수 있다고 전제합니다.

거친 바람과 파도가 몰아쳐도 무사히 목적지까지 항해할 수 있습니다. 세가 나쁘지만 인간의 노력으로 극복해 좋은 조건으로 갈 수 있지요. 반대로 잔잔한 물 위에서 배가 뒤집어지고 사람이 죽을 수도 있습니다. 세가 좋았지만 활용하지 못하고 거꾸러진 것인데 배가 튼튼하고 순풍이 불어도 닻을 펴지 않고 인간이 조심하지 않으면 아무 소용없습니다. 내가 좋은 세에 놓였다고 해도 세는 언제든 변할 수 있고 내가 노력하지 않으면 어떤 것도 내 것으로 취해 가질 수 없겠지요. 반대로 나쁜 세에 놓여 있어도 노력을 통해 상황을 타개하고 개선시킬 수 있는데 《주역》에 나오는 길하다, 흉하다는 진단을 보고 결정론을 떠올리시면 안 됩니다. 단순히 흉하다 길하다를 말하지 않고 상황을 타개해 갈 수 있도록 조언을 주고 있고 흉하다고 할 때는 뉘우침을 통해 바른 길을 실천하면 상황이 변하고 길함을 도모할 수 있다고 말하지요.

39번째 괘인 건蹇괘는 아주 험난한 상황입니다. 산과 물이 나를 막아선 세입니다. 산만 나를 막아서도 쉽지 않고 물만 나를 막아도 앞으로 나가기 쉽지 않은데 산과 물 모두가 앞에서 나를 가로막고 있습니다. 물을 상징하는 감괘와 산을 상징하는 간괘로 이루어진 건괘는 난관과 역경 앞에서 멈출 수밖에 없는 상황을 뜻하지요. 하지만 시련과 난관 속에서 인간의 잠재된 지혜와 지적 역량을 끌어내고 발휘할 수 있다고 말하는 게 바로 건괘입니다. 어려움을 상징하는 괘지만 인간의 노력 여하에 따라 형통한 상황을 만들 수 있다고 하는데, 사실 흉하다 길하다를 딱 부러지게 말하지 않고 전적으로 너의 선택에 달려 있다고 직설적으로 말하는 경우도 많습니다. 25번째 괘인 무망无妄괘가 그렇지요.

진실무망한 마음은 크게 형통할 수 있다. 굳게 지킴이 이롭다. 그러나 올바르지 않으면 재앙을 입는다. 함부로 나아가는 것은 이롭지 않다. 无妄: 元亨, 利貞。其匪正有眚, 不利有攸往.

못되고 악한 마음이 아니라 진실한 마음, 진정성을 가지고 그걸 굳게 지키면 형통하고 이롭겠지만 올바른 형식과 방법으로 드러내지 않으면 화를 입을 수 있다고 합니다. 이 괘가 나오면 중용의 도와 진정성을 가지고 사람들에게 다가가야 할 것입니다. 그래야 형통한 조건과 상황이 내게 찾아오도록 할 수 있습니다.

《주역》이 진정 고전일 수 있는 이유는, 단순 점서가 아니라 지혜의 창고일 수 있는 이유는 여기에 있지 않을까요. 64가지 삶의 조건과 상황, 384개 인간 삶의 구체적 조건과 상황은 경청해야 할 이야기지만《주역》에서 가장 빛나는 부분은 역시 인간의 마음가짐과 몸가짐에 대한 강조가 아닐까 싶습니다.

우리는 바른 마음가짐과 몸가짐 그리고 진실한 마음과 강한 의지를 지녀야 합니다. 그것들을 바탕으로 실천해 나가면서 득세하고 내가 세의 주인공이 되며 대세가 될 수 있게 좋은 세를 만들어 가고 불러와야지요.

주역과 세 3

늘 시작하고 변화한다

무술 동작과 초식

양가 태극권 28식, 진가 태극권 48식. 태극권이라는 무술이 있지요. 간화 24식 태극권을 좀 배워봤는데 24가지 동작으로 구성되어 있습니다.

첫 번째는 기세이고 마지막은 수세입니다. 기세는 말 그대로 세를 일으킨다는 것이고 수세는 말 그대로 세를 수렴하고 거두어들인다는 것인데요, 진식이든 양식이든 태극권의 모든 동작은 하나하나가 세입니다. 한 동작 한 동작 안에 힘이 내재되어 있지요. 강한 생명력과 같은 힘이 내재되어 보입니다. 그리고 어떤 동작

▶ 태극권 24식 중 첫 번째 동작인 기세. 세를 일으키는 동작이다.

으로 발전할지 기미가 보이고 다음 동작이 보이기도 하고요. 힘
이 잠재되어 있고 생명력이 보이고 어떤 동작으로 발전할지 조짐
이 보입니다. 태극권뿐만 아니라 많은 중국 무술의 동작과 초식
하나하나가 세라고 할 수 있습니다.

제1단

①기세起勢 ②좌우야마분종左右野馬分鐘 ③백학량시白鶴亮翅 ④좌
우누슬요보左右累膝拗步 ⑤수휘비파手揮琵琶

제2단

⑥좌우도권굉 左右倒捲肱 ⑦좌남작미 左覽雀尾 ⑧우남작미 右覽雀尾

⑨단편 單鞭

제3단

⑩좌운수 左雲手 ⑪단편 單鞭 ⑫고탐마 高探馬 ⑬우등각 右等脚 ⑭쌍봉관이 雙峰貫耳 ⑮전신좌등각 轉身左等脚

제4단

⑯좌하세독립 左下勢獨立 ⑰우하세독립 右下勢獨立 ⑱좌우천사 左右穿梭 ⑲해저침 海底針 ⑳섬통비 閃通譬 ㉑전신반란추 轉身搬欄推 ㉒여봉사폐 如封似閉 ㉓십자수 十字手 ㉔수세 收勢

무술을 배웠다고 해서 동작과 초식에서 세가 강하게 뿜어져 나오는 것은 아닙니다. 군대에서 기정이, 풍수에서 사·수·용·혈이 잘 조화되어야 하고 시에서 정과 경이 조화되어야 하듯 동작 하나하나의 밸런스가 잘 맞아야 세를 보여줄 것인데 그러기 위해선 무술 자체도 우수해야 하겠지만 무엇보다 배우는 이의 부단한 노력과 수행이 있어야 할 것입니다. 그런데 재미있는 게 있습니다. 균형이 있어야 세가 생기는데 우리 한국 무술을 보면 균형을 깨면서 세를 만듭니다. 중국 무예와 우리 무예의 개성 차이가 아닐까 싶습니다.

택견이나 승무, 살풀이를 보면 인상적인 것이 있습니다. 다른 나라의 무술과 춤사위는 균형을 통해서 균형을 만들어서 아름다운 몸짓과 훌륭한 무예를 만들어내는데 우리 조선의 몸짓은 균형을 일부러 깹니다. 밸런스를 일부러 무너뜨리지요. 하지만 균형이 깨지고 무너졌기에 계속해서 다음 동작으로 나아가고 동작이 무한 연속됩니다. 균형이 무너지면 몸이 넘어지게 되는데 그냥 넘어질 수 있나요? 그러니 바로 다음 동작에 들어가게 되고 그런 무한한 균형의 붕괴를 통한 동작의 재창조가 일어납니다.

다른 나라 특히 중국 무예를 보면 균형으로서의 세가 강한 반면 조선 무예는 연속되는 새로운 변화의 힘으로서의 세가 강합니다. 이 글을 읽어 오신 분들이라면 세라는 의미에 어느 무예가 더 충실한지 판단하실 수 있으리라 생각합니다.

화수미제, 완성은 없다

마침 《주역》의 마지막 괘, 64번째 괘가 화수미제火水未濟괘입니다. 미제, 일이 아직 이루어지지 않았습니다. 그리고 공교롭게도 63번째 괘가 수화기제水火旣濟괘입니다. 모든 일이 이루어졌다고 말하는 괘지요. 이루어졌으면 거기서 종결지어야 하는데

63괘 수화기제   64괘 화수미제

바로 다음 괘에서 어그러졌네요. 하지만 그렇게 어그러지고 깨지고 무너짐이 있어 인간이 할 일이 생기고 세상은 변화하고 우주는 그 변화의 힘으로 계속 생성 발전하게 됩니다.

미제괘의 괘사는 다음과 같습니다. "일이 아직 이루어지지 않음을 상징한다. 형통하나 어린 여우가 강을 거의 건너가 꼬리를 적시니 이로운 바가 없다."

기제괘의 괘사는 이러합니다. "일이 이미 이루어짐을 상징한다. 약소한 사람까지 형통하나 정도를 지키는 것이 이롭다." 제濟는 이미 물을 건넜다는 뜻으로 일이 이미 이루어졌음을 나타냅니다. 63괘가 기제괘, 64괘는 미제괘. 기제는 물을 다 건너 일이 이미 이루어졌다고 하는데 미제는 반대로 물을 다 건너지 못했다고 하니 두 괘의 괘형이 정반대입니다. 여기서 괘형을 좀 살펴보지요.

기제괘는 물을 뜻하는 감괘가 위에, 불을 뜻하는 리괘가 아래 있는데 미제괘를 보면 반대로 리괘가 위에 있고 감괘가 밑에 있습니다. 또 기제괘는 여섯 효가 모두 제자리에 있습니다. 양의 자리인 1, 3, 5번째 자리에는 양을 뜻하는 효가 모두 그 자리에 있고 2, 4, 6번째 자리는 음의 자리인데 음을 뜻하는 효들이 그 자리에 있습니다. 반대로 미제괘는 양의 자리에 음의 효들이 음의 자리에 양의 효들이 있습니다. 하나같이 해당하는 자리에 없고 마땅하게 위치하지 않고 있습니다. 그러니 자신의 자리를 찾아가려고 해야지요. 강을 다시 건너려고 해야 할 것이고 그러면서 일을 이루려고 해야 할 것입니다.

시작이 있으면 끝이 있다고 합니다. 하지만 끝이 있으면 시작도 있어야지요. 겨울이 가면 봄이 오듯 끝난듯하면서도 다시 시작하고 생과 사, 생과 멸을 무한 반복해야 합니다. 《주역》은 하늘을 뜻하는 건괘와 땅을 뜻하는 곤괘로 시작하면서 그렇게 하늘과 땅, 음양이 만나고 만물을 자라게 하고 많은 변화와 운동, 사건, 사고를 만들어냅니다. 그러다 63번째 기제괘에서 대단원의 막을 내리게 되지요. 마침표를 찍으면 《주역》은 주역이 될 수 없겠지요. 새롭게 시작하고 다시 힘차게 우주의 물레가 돌아가며 모든 것이 변화하고 만물이 생성되고 인간 사회의 새로운 일들이 만들어져야 합니다. 그렇기에 《주역》은 기제가 아니라 미제로 끝나는 것이고 미제괘로 《주역》이 끝이 나기에 이른바 'Change of books'라는 변화의 경전이 될 수 있었던 것이죠.

끝이 있어서는 안 됩니다. 앞서 위대한 시는 시인의 감상과 시의 주제가 독자에게 새로운 출발점이 될 수 있어야 한다고 했고 그림에서는 끊임없이 분출되는 새로운 생명의 기운이 있어야 한다고 했는데 끝이 있으면 세는 없는 것이지요. 무한히 변화해 가며 생생히 살아 움직일 듯한 용과 같아야 합니다. 늘 시작하고 변화할 뿐입니다. 삶과 세상은 늘 '미제'합니다. 완성이란 없습니다. 그렇기에 변화해야 하고 변화의 기운과 힘을 가져야지요. 그 변화가 선일 수 있는 것이고요. 《주역》 그리고 동양은 이렇습니다. 중국 무술이 아니라 조선 무술처럼, 택견과 탈춤, 승무, 살풀이처럼 조화와 균형에서 끝나는 것이 아니라 새로운 조화와 균형을 찾아가야 합니다.

우리는 모두 용이다 그리고 하늘이다

용이라는 상상의 동물은 왜 그리도 사랑받았을까요? 용은 비를 관장하는 수신이었기 때문입니다. 농경문화권인 우리 동아시아에서 비는 단순히 자연법칙에 따라 지상에 내려오는 물방울이 아니라 사랑이었습니다. 하늘에서 내려와 만물의 생장을 돕고, 인간이 농사를 짓고 삶을 꾸려가는 데 꼭 필요한 것이 바로 비였습니다. 이 비를 용이 내려주니 사랑하고 숭배할 수밖에 없었습니다. 비를 내려주는 용은 우주 생명의 기운을 전달해주는 신성한 존재였습니다. 커다란 우주의 조화옹造化翁이자 사랑의 상징이었습니다.

은총恩寵이라는 조선말이 있습니다. 은총의 '총'이라는 한자를 보면 집에 용이 들어와 있거나 집안 사당 안에 용이 들어와 있는 형상입니다. 내가 사는 공간에 용이 있으니 사랑받는 것이고 은혜로운 것일 수밖에요.

총애寵愛라는 말도 있습니다. 총애는 조선어로 사랑 중에 사랑을 뜻합니다. 총후는 조선어로 두터운 사랑을 말하지요. 특히 총아는 조선어로 만인으로부터 사랑받는 사람을 이르는데요, 용은 정말 사랑을 뜻하는 글자입니다.

부처님이 깨달음을 얻은 보리수를 용화수라고 합니다. 세존의 깨달음과 함께한 나무를 용화수라고 하는데 자비의 여래, 중생들에게 사랑의 법을 설해주시는 용과 같은 존재이기에 대덕을 용이라고도 불렀습니다.

그리고 늘 백성들의 어버이가 되어서 백성들을 자식처럼 사랑해야 하는 임금을 우리는 용이라고 했습니다. 임금의 얼굴을 용안龍顏, 임금의 덕을 용덕龍德, 임금의 옷을 곤룡포袞龍袍, 임금의 즉위를 용비龍飛, 그의 자리를 용상龍像이라고 했는데요, 부처님이나 임금님만 용이 아니었습니다. 우리 같은 보통 사람들도 용이었습니다. 시신에 입히는 옷을 '습의襲衣'라고 하는데요, 이 글자에도 용이 들어 있는 게 보이시지요? 이런저런 생활 도구와 물건을 담는 장롱欌籠에도 용이란 글자가 들어 있습니다. 뭇 백성들도 필부도 용이기에 그렇습니다. 그렇기에 남의 귀한 손자를 용손龍孫이라고 이야기했습니다.

지금까지 세를 이야기하고 동양 미학에 관해 이야기를 했습니다. 시든 서예든 땅이든 그림이든 모두 취세, 득세해야 하고 세를 얻은 경우, 용을 얻었다고 했습니다. 용을 얻어 생명의 기운이 넘치는 작품을 최고의 작품, 용을 얻은 땅을 명당이라고 말했는데요, 자 우리도 용입니다. 하찮고 힘없고 늘 서러움 속에 산다고 해도 우리는 분명 용입니다. 동학에서는 모두가 하늘이라는 뜻의 '인내천人乃天'을 이야기했는데 우리 모두가 용이 못 될 이유가 없습니다. 하지만 저절로 용이 될 수는 없을 것입니다. 사랑해야 하고 사랑의 기운을 뿜을 수 있어야 합니다. 그래서 생명의 기운을 우리가 사는 세상에 던질 수 있어야지요. 용처럼 말입니다.

서원誓願입니다. 용이라는 말 그리고 동학의 인내천이라는 말은 서원입니다. 조화롭게 살겠다, 사랑하며 살겠다는 서원이자 다짐이지요.

젊은 현자의 세와 동양 미학에 관한 이야기를 들어주셔서 감사합니다. 우리 모두 용이 되어 봅시다. 하늘이 되어보자고요. 용끼리 하늘끼리 서로 마주하며 사랑하며 살았으면 좋겠습니다. 서로를 하늘로 모시고 살았으면 합니다. 모두 사인여천事人如天합시다.

미주

1 昔者紂爲象箸而箕子怖. 以爲象箸必不加於土鉶, 必將犀玉之杯. 象箸玉杯必不羹菽藿, 則必旄象豹胎. 旄象豹胎必不衣短褐而食於茅屋之下, 則錦衣九重, 廣室高臺. 吳畏其卒, 故怖其始. 居五年, 紂爲肉圃, 設炮烙, 登糟邱, 臨酒池, 紂遂以亡. 故箕子見象箸以知天下之禍.《韓非子》〈喩老〉.

2 扁鵲見蔡桓公, 立有間, 扁鵲曰, 君有疾在腠理, 不治將恐深. 桓侯曰, 寡人無. 扁鵲出, 桓侯曰, 醫之好治不病以爲功. 居十日, 扁鵲復見曰, 君之病在肌膚, 不治將益深. 桓侯不應. 扁鵲出, 桓侯又不悅. 居十日, 扁鵲復見曰, 君之病在腸胃, 不治將益深. 桓侯又不應. 扁鵲出, 桓侯又不悅. 居十日, 扁鵲望桓侯而還走. 桓侯故使人問之, 扁鵲曰, 疾在腠理, 湯熨之所及也. 在肌膚, 鍼石之所及也. 在腸胃, 火齊之所及也. 在骨髓, 司命之所屬, 無奈何也. 今在骨髓, 臣是以無請也. 居五日, 桓公體痛, 使人索扁鵲, 已逃秦矣, 桓侯遂死. 故良醫之治病也, 攻之於腠理, 此皆爭之於小者也. 夫事之禍福亦有腠理之地, 故曰, 聖人蚤從事焉.《韓非子》〈喩老〉.

3 프랑수아 줄리앙,《사물의 성향》, 박희영 옮김, 한울, 2009.

4 사마천의《사기史記》〈손자 오기 열전孫子鳴起列傳〉의 내용을 이해하기 쉽게 요약·편집한 것입니다.

5 聲不過五, 五聲之變, 不可勝聽也. 色不過五, 五色之變, 不可勝觀也. 味不過五, 五味之變, 不可勝嘗也. 戰勢不過奇正, 奇正之變, 不可勝窮也. 奇正相生, 如循環之無端, 孰能窮之哉《孫子兵法》〈勢〉.

6 凡行軍之道, 無犯進止之節, 無失飮食之適, 無絶人馬之力. 此三者, 所以任其上令. 任其上令, 則治之所由生也. 若進止不度, 飮食不適, 馬疲人倦而不解舍, 所以不任其上令. 上令旣廢, 以居則亂, 以戰則敗.《吳子兵法》〈治兵〉.

7 夫兵形象水. 水之形 避高而趨下. 兵之形 避實而擊虛. 水因地而制流 兵因敵而制勝. 故兵無常勢 水無常形. 能因敵變化而取勝 謂之神. 故五行無常勝 四時無常位. 日有短長 月有死生.《孫子兵法》〈虛實〉.

8 投之無所往, 死且不北, 死焉不得, 士人盡力. 兵士甚陷則不懼, 無所往則固, 深入則拘, 不得已則鬥. 是故, 其兵不修而戒, 不求而得, 不約而親, 不令而信.《孫子兵法》〈九地〉.

9 能愚士卒之耳目, 使之無知. 易其事, 革其謀, 使人無識, 易其居, 迂其途, 使人不得慮. 帥與之期, 如登高而去其梯, 帥與之深, 入諸侯之地而發其機. 若驅群羊, 驅而往, 驅而來, 莫知所之. 聚三軍之眾, 投之于險, 此將軍之事也.《孫子兵法》〈九地〉.

10 故形人而我無形, 則我專而敵分, 我專爲一, 敵分爲十, 是以十攻其一也. 則我眾而敵寡, 能以眾擊寡, 則吾之所與戰者, 約矣. 吾所與戰之地不可知, 不可知, 則敵所備者多, 敵所備者多, 則我所與戰者寡矣.《孫子兵法》〈虛實〉.

11 夫有材而無勢, 雖賢不能制不肖. 故立尺材於高山之上, 則臨千仞之谿, 材非長也, 位高也. 桀爲天子, 能制天下, 非賢也, 勢重也; 堯爲匹夫, 不能正三家, 非不肖也, 位卑也.《韓非子》〈功名〉.

12 飛龍乘雲, 騰蛇遊霧, 雲罷霧霽, 而龍蛇與蚯蚓同矣, 則失其所乘也。賢人而詘於不肖者, 則權輕位卑也; 不肖而能服於賢者, 則權重位尊也. 堯為匹夫不能治三人, 而桀為天子能亂天下, 吳以此知勢位之足恃, 而賢智之不足慕也《韓非子》〈難勢〉.

13 故將大有爲之君, 必有所不召之臣. 欲有謀焉, 則就之. 其尊德樂道, 不如是不足與有爲也. 故湯之於伊尹, 學焉而後臣之, 故不勞而王; 桓公之於管仲, 學焉而後臣之, 故不勞而王.《孟子》〈公孫丑下〉.

14 하도는 복희라는 전설상의 군주가, 낙서는 우임금이 받은 계시를 형상화한 것으로 모두 주역에 등장하는 그림들인데요, 상징과 수를 통해 우주 자연의 설계도와 운행원리를 설명하는 것입니다. 하도는 교과서적 원리와 이상이라면 낙서는 현장과 시장판의 논리로서 두 그림을 모두 볼 수 있어야 세상이 만들어진 이치와 운행의 원리를 알 수 있다고 합니다.

15 夫書肇於自然, 自然既立, 陰陽生焉; 陰陽既生, 形勢出矣. 藏頭護尾, 力在字中, 下筆用力, 肌膚之麗. 故曰: 勢來不可止, 勢去不可遏, 惟筆軟則奇怪生焉. 凡落筆結字, 上皆覆下, 下以承上, 使其形勢遞相映帶, 無使勢背.《九勢》.

16 괘마다 효사가 6개 있으므로 64×6=384개인데, 여기에 건괘의 용구와 곤괘의 용육을 합쳐 총 386개입니다.

17 大必起於小; 行久之物, 族必起於少. 故曰: 天下之難事必作於易, 天下之大事必作於細. 是以欲制物者於其細也, 故曰: 圖難於其易也, 為大於其細也. 千丈之隄以螻蟻之穴潰, 百尺之室以突隙之煙焚.《韓非子》〈喩老〉.

참고 문헌

갈로葛路, 강관식 옮김, 《중국회화이론사》, 돌베개, 2014

계환揭暄, 김명환 옮김, 《병경백자: 100자에 압축한 5000년 병법의 정수》, 글항아리, 2014

김두규, 《김두규 교수의 풍수강의》, 비봉출판사, 2008

김종헌·윤은섭, 《서예가 보인다》, 미진사, 2015

김상섭, 《내 눈으로 읽은 주역: 역전편》(상, 하), 지호, 2011

김상엽, 《들어가서 보는 그림 동양화: 상징과 은유의 옛 그림 읽는 법》, 루비박스, 2012

딩시위안丁義元, 이화진 옮김, 《예술풍수: 동양화에 담긴 미학, 그리고 풍수를 말하다》, 일빛, 2010

린뤄시林若熹, 황보경 옮김, 《중국화: 선의 예술 붓의 미학》, 시그마북스, 2012

박선규, 《서예일반이론》, 여림, 2009

송재소 외, 《역주 당시삼백수》, 전통문화연구회, 2011

양균송楊筠松, 김두규 교감·역주, 《감룡경撼龍經·의룡경疑龍經: 조선시대 풍수학 교과서》, 비봉출판사, 2010

오전진吳戰壘, 유병례 옮김, 《중국시학의 이해》, 태학사, 2003

우석영, 《낱말의 우주》, 궁리, 2011

유협劉勰, 최동호 옮김, 《문심조룡文心雕龍》, 민음사, 1994

이동걸, 《이동걸의 풍수이야기》, 보문, 2007

이상수, 《운명 앞에서 주역을 읽다: 삶의 역풍도 나를 돕게 만드는 고전의 지혜》, 웅진지식하우스, 2014

이병한, 《중국 고전 시학의 이해》, 문학과지성사, 1992

이병한, 《동·서양 시의 이해》, 서울대학교출판부, 1999

임건순, 《손자병법, 동양의 첫 번째 철학: 전쟁의 예술, 전략적 사고, 인간의 통찰》, 서해문집, 2016

장언원張彦遠 외, 김기주 역주, 《중국화론 선집》, 미술문화, 2002

정경연, 《천기와 지기를 그림으로 이해하는 정통 풍수지리》, 평단문화사, 2003

정민, 《한시 미학 산책: 한시의 아름다움과 깊이를 탐구한 우리 시대의 명저》(완결개정판), 휴머니스트, 2010

최창조, 《최창조의 새로운 풍수이론: 현대 도시인을 위한 명당 만들기》, 민음사, 2009

최창조, 《좋은 땅이란 어디를 말함인가: 한국풍수의 이론과 실제》, 서해문집, 2003

최창조, 《풍수잡설》, 모멘토, 2005

최창조, 《도시풍수: 도시, 집, 사람을 위한 명당이야기》, 판미동, 2007

프랑수아 줄리앙François Jullien, 박희영 옮김, 《사물의 성향 : 중국인의 사유방식》, 한울아카데미, 2009

프랑수아 줄리앙François Jullien, 이근세 옮김, 《전략: 고대 그리스에서 현대 중국까지》, 교유서가, 2015

이상수 선생님, 김상섭 선생님, 이병한 선생님의 책과 프랑수아 줄리앙 선생님의 저서를 상당 부분 참고했음을 밝힙니다. 네 분 선생님 모두 항상 건강하시고 학문에 정진만이 있으시길 바랍니다. 한시 해석은 《역주 당시삼백수》와 《한시 미학 산책》을 참고했습니다. 감사드립니다. 〈에필로그〉는 우석영 선생님의 《낱말의 우주》(2011, 궁리)라는 책을 상당 부분 참고하였습니다. 삶의 화두가 되는 글이라고 생각해 고쳐 인용하였습니다.